女性を味方にする言葉、敵にする言葉

伊東 明

PHP文庫

○本表紙図柄＝ロゼッタ・ストーン（大英博物館蔵）
○本表紙デザイン＋紋章＝上田晃郷

はじめに

「女ってほんとにやっかいだよなあ」

今の時代、声を大にしてこんなことを言ってしまったら、大変なことになるでしょう。勇気ある方はどうぞ職場や家庭で試してみて下さい。明日から「女性からの嫌われ者ランキング」の上位を独走できること間違いなしです。

しかしながら、紛《まぎ》れもなくこれは男性の本音なはず。たとえば、私が企業研修の場でよく聞くのは、

- すぐに感情的になる
- すぐ泣く
- 論理が通用しない
- 言っていることがころころ変わる
- 客観的な視点がなく、自分に都合の良いようにばかり解釈をする

・とにかくわがままだ

……などなど。

その真偽の程はともかくとして、男性は女性に対して多かれ少なかれこのようなイメージを持っており、その総論として「女はやっかいだ」という思いに至るようです。「女ってほんとに扱いやすいよな」などと思える男性がいたとしたら、弟子入り希望者が殺到するでしょう。

男性・女性心理の専門家として断言します。男性からすると、たしかに女性は「やっかい」です。なぜなら、心理構造やコミュニケーションスタイルが男女で大幅に異なるからです。草食系男子のような「かぎりなく女性に近い男性」や、バリバリのキャリアウーマンのような「男以上に男っぽい女性」はもちろんいます。しかし、それでも、やはり「男女の壁」は圧倒的多数の人に当てはまるのです。そしてその壁を知らない・乗り越えることができないから、「女性と話がかみ合わない」「どうしても理解し合えない」「女性を敵に回してしまう」ことが起きるのです。

たとえば、女性が「ねえ、私のこと好き?」と彼氏に尋ねたら、「うん、大好きだよ！　トキメキはないけどね！」とすばらしくさわやかな笑顔で返された、というエピソードを聞きました。

なんと純真で真っ正直な青年なんでしょう。ただ「大好きだよ！」とだけ言っておけばいいものを。なぜそんな余計なひと言を? と思いますが、その彼は誠実で正直で……、けれども女心を知らないだけなんですね。

また、「ねえ、髪切ったんだけどどうかな?」と奥さんが旦那さんに尋ねたら、「うん、猿みたい。そういえば小さい頃に動物園で見た猿にそっくり！」と感激の様子で答えられたとのエピソードも聞きました。

この旦那さんには悪気はないのです。ただ本当に幼き頃に思いを馳せ、目の前にある妻の顔とお猿さんの顔を重ね合わせているだけなのです。

「女より男のほうが偉い」「女は三歩下がって男の後をついてくればよい」。そんな時代はとっくに終わりました。それはもう古典の世界といっていいでしょう。

これからの時代、われわれ男性は女性を敵に回すことだけは絶対に避け、そしてできうるかぎり味方になってもらわなければいけません。女性進出が当たり前になっている職場ではもちろんのこと、リストラ離婚の嵐が吹き荒れる家庭でも同様です。「女性を敵に回すか、味方に付けるか」は、男性の人生を左右する大きなキーファクターになっているのです。そこを上手く乗り越えるためのとっておきの秘訣を本書でご紹介しましょう。

本書に出てくる言葉はすべて実例です。私が妻に言って怒られたひと言をはじめ、居酒屋などでカップルの会話を聞いて「今、地雷踏んだぞ」と感じたひと言や、女性からの相談でよく出てくる「男性の余計なひと言」などがちりばめられています。

知っているのと知らないのとでは全然違う、女性との関係を良好にする「とっさのひと言」。お試しになってみてはいかがでしょうか。

伊東　明

女性を味方にする言葉、
敵にする言葉

Contents

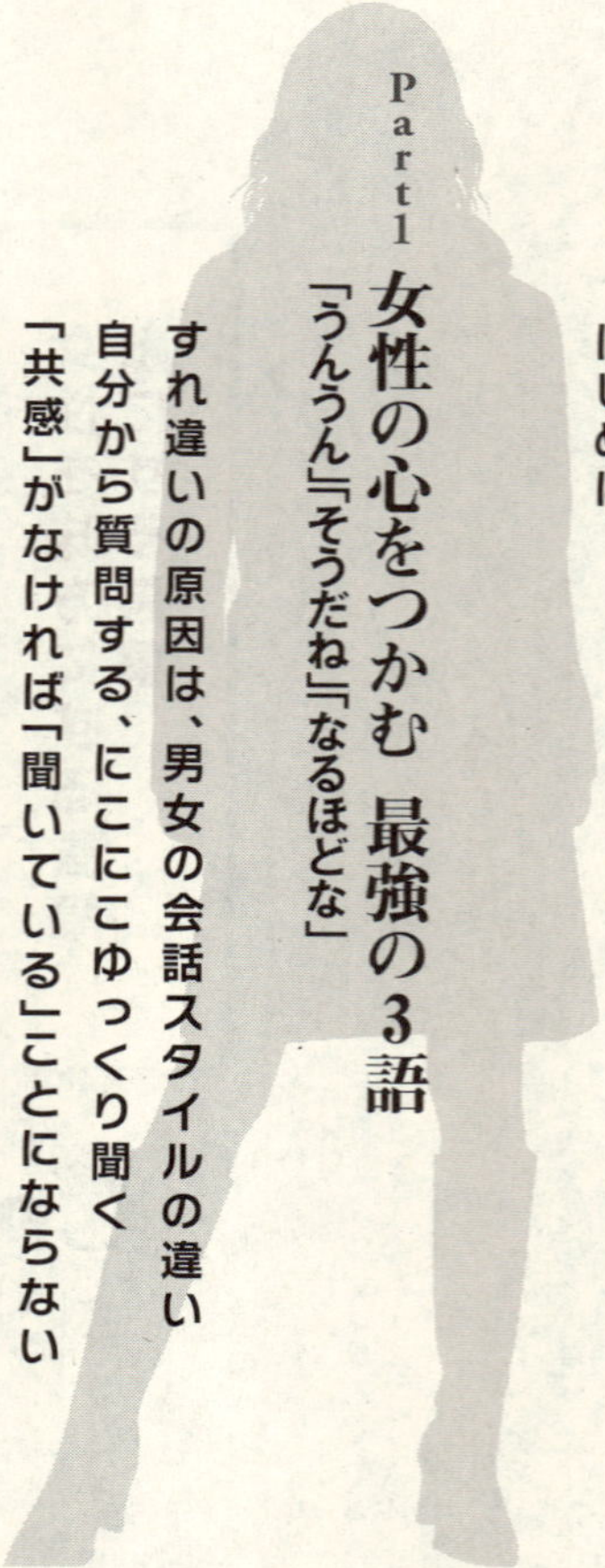

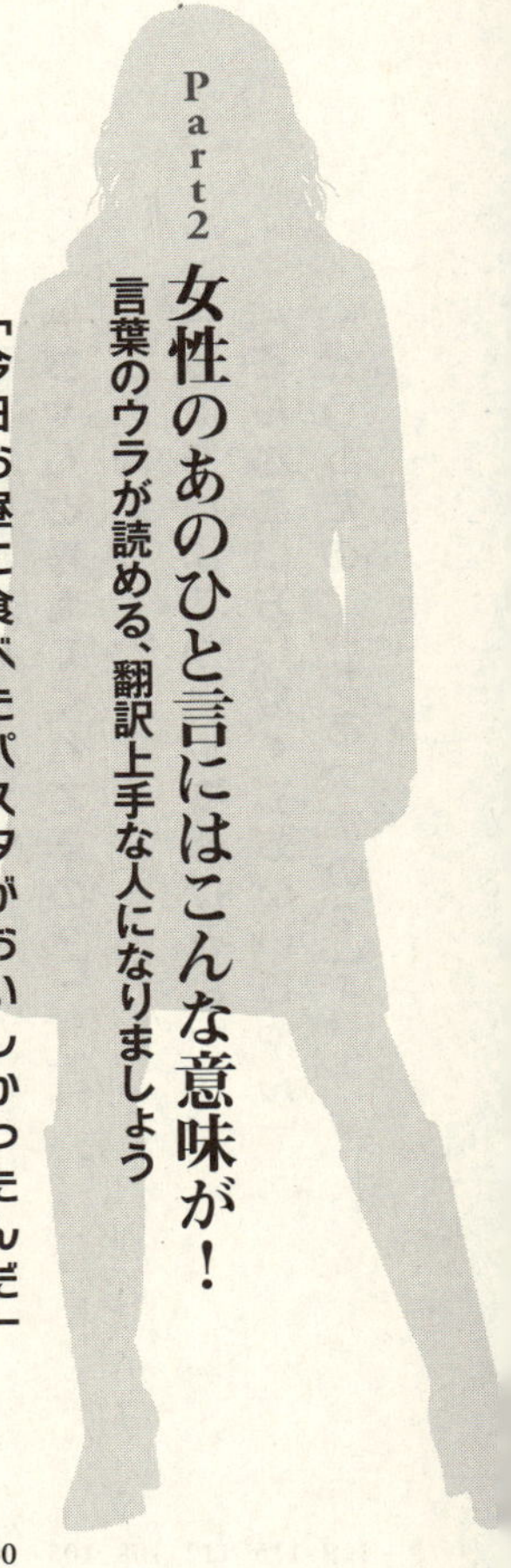

Part2 女性のあのひと言にはこんな意味が！

言葉のウラが読める、翻訳上手な人になりましょう

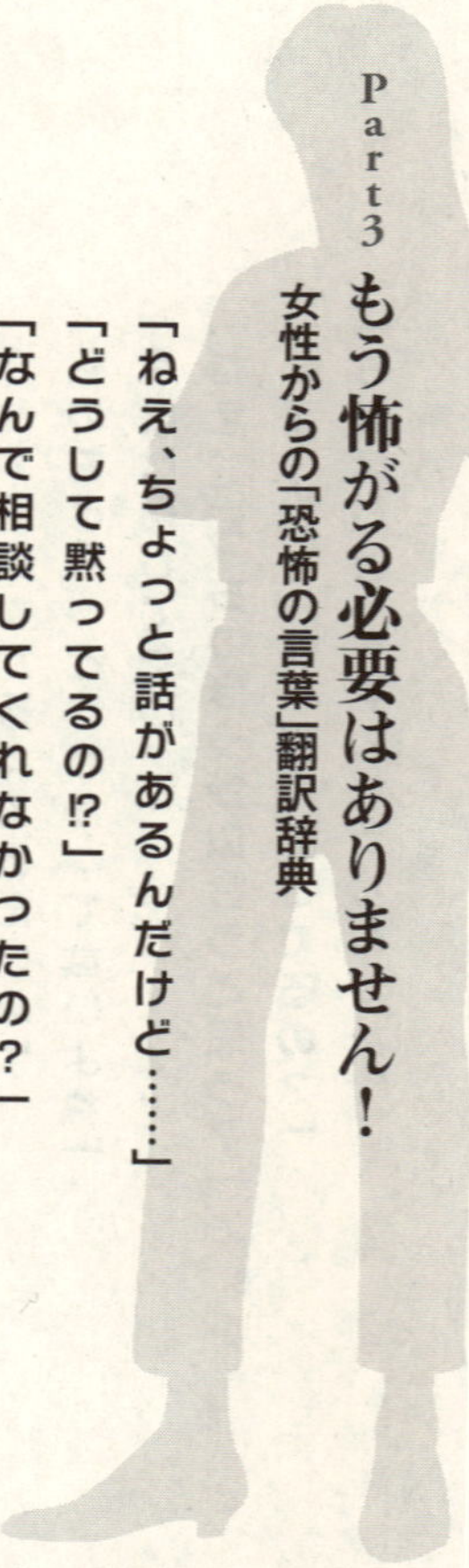

Part3 もう怖がる必要はありません！

女性からの「恐怖の言葉」翻訳辞典

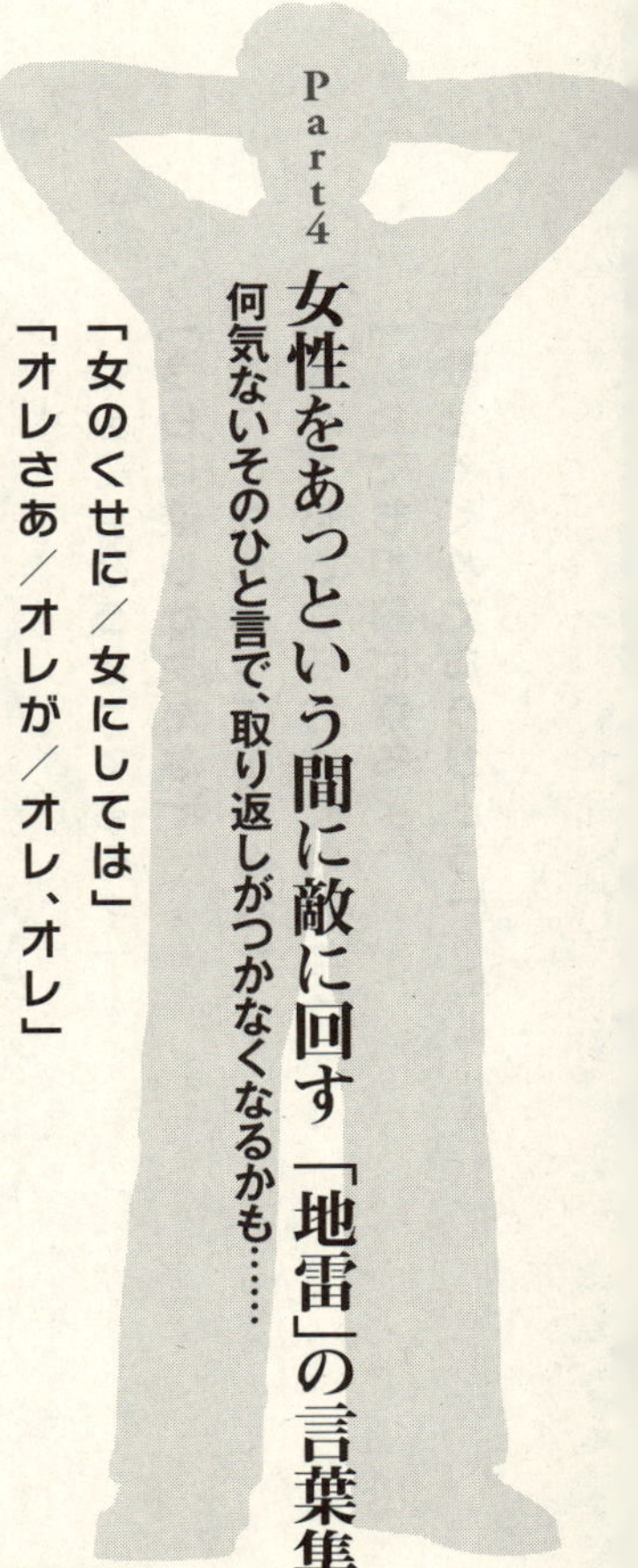

Part4 女性をあっという間に敵に回す「地雷」の言葉集

何気ないそのひと言で、取り返しがつかなくなるかも……

Part5 これであなたもジェントルマン！

女性にモテモテ？の「魔法の言葉 上級編」

Part1

女性の心をつかむ　最強の3語

「うんうん」「そうだね」「なるほどな」

女性との会話における、基本中の基本ともいえる言葉。それがこの3語です。肝心なのはこの言葉の裏にあるセオリーで、それがしっかりわかっていれば、女性との会話は格段にスムーズなものになります。

女性心理学の本には必ずといっていいほど書かれていることですが、女性の会話スタイルは「**共感型**」。女性同士の会話を聞いているとよくわかると思いますが、「そうそう」「あるある」「わかるわかる」「私も私も」という調子で、必ず共感し合うのです。

「ねえ、このあいだ銀座の○○っていうイタリアン行ったんだけどさー」「どうだった？」「それがすっごくおいしくって」「えー！　何がおいしかったの？」「まず前菜がね、伊勢エビのテリーヌの冷製っていうやつで、それがすごく甘くておいしくて……」「えー、おいしそう！」「でね、メインがね……」と続く。そして最後に「じゃあ今度行こうよ」「うん行こう行こう！」「いつ行く？」「じゃあ来週の○曜日は？」「楽しみだね！」

というような会話パターンです。お互いの体験や感じたことを引き出し合いながら、共感し合いながら、しかもひとつのゴールに向かって収束していくというのが、女性型会話の基本なのです。

ところが、男性はこういう会話はなかなかしません。「オレ、このあいだ恵比寿のラーメン屋に行ってさ」「へー」で終わりです。「で？　で？　どうだった、味は？」なんて聞いたら、むしろちょっと怖い人ですよね。よほどのビッグニュースでもなければ、話に食いついてそれを引き出し合って、共感し合ってなどというようなことはしません。だから女性と話していても、無味乾燥な会話になってしまうというのが、男性がいちばん陥《おちい》りがちなＮＧパターンです。

でも、それなら「つまらない」程度の不評で済む話なので、まだまし。完全に女性とすれ違いになってしまうのが、意見を戦わせてしまうパターンです。

たとえば女友だちの相談に乗っているとき。

「私の彼が仕事で忙しいって言って、あんまり連絡くれないんだ……」

「仕事なんだったら、しょうがないんじゃないの？」

これがすれ違いの瞬間です。女性としては、まず「そうなの？　それはちょっと寂しいね」という共感がほしいのに、バサッと切られてしまった。すると、「そんなことで悩んでるおまえっておかしいんじゃないの？」「そんなことでいちいち大げさに騒ぐなよ」と言われているような気持ちになってしまう。女性同士だったらまず間違いなく、（ちょっと悲しげな様子で）「えー、そうなのー？」ぐらいは返してくれるので、とても大きなダメージを受けてしまうのです。

相談に乗るときだけではなく、自分自身が彼女から「最近、仕事仕事って言ってあんまり会ってくれないね」と言われて「しょうがないだろ、仕事なんだから」と、彼女の気持ちを直接バッサリ否定してしまうケース。あるいは「でも今、期末で仕事も立て込んでて、○○とか××の件もあるから忙しいんだよね、だから仕方ないんだよ」と、理詰めで説き伏せようとするケースも同様です。どうしても「**議論型**」「**勝負型**」になってしまって、第一声で共感のひと言が言えないのです。

すれ違いの原因は、男女の会話スタイルの違い

男性はとかく「オレはこう思う」という「オレ論」をかましたり、客観的な意見や正論を言わなければいけないと考えてしまいがちです。この「正論」という

のがくせもので、女性型会話では、正論はとりあえず置いておいて、まず気持ちを受けとめるということが大事なのです。女性同士なら、恋愛や仕事のグチを聞かされて、内心「そんなのあんたが甘えてるんでしょ」と思っても、「わかるわかるー」と言う。それが女性型会話の様式です。

ところが、こんなふうに内心と裏腹の会話をするということが、男性には信じられない。男性は、本音でなんでも話し合えるのがいい関係、と考えます。だから、仕事の取引先などには、いくらでも内心とは裏腹のことが言えても、親友になればなるほど、また彼女や妻といった身内になればなるほど「いや、おまえそれは違うぞ」と、本音で会話しようとするのです。

女性は逆です。どうでもいい男性になら、否定されても「あの男、何もわかってないよね」で済みます。でも、信頼している相手、愛している相手だからこそ、気持ちを受けとめてほしい。しかし男性は、愛しているからこそ正論を言う。議論を挑《いど》む。正直な意見を言う。ここで大きなジレンマが生じることになります。

このギャップは実はすごく根が深いもので、男女の育てられ方の違いに関係があります。伝統的に、女の子に対しては、みんなと仲良く、誰からも愛されるように、というしつけ方をするものです。ところが、男の子に対しては、人に負けるなとか、人よりも優秀であれ、人に頼る人間ではいけない、というメッセージを投げかけます。男性は基本的に、人間関係が切り離されるようなしつけを受けやすいのです。

だいたい女の子に「勝つまで帰ってくるな」などとは言わないものですよね。人とぶつかるような感情を出したり、意見を言ったりすると、「女の子なんだからそんなこと言うもんじゃないわよ、もっと仲良くしなさい」というしつけがなされがちです。それによって「私たち一緒よね、仲いいよね、わかり合ってるよね」という、共感をベースにした女性の会話スタイルが出来上がっていくのです。逆に男性は小さい頃から「戦って勝つ」というのが、会話を含めた基本的なスタイルになっていきます。

ここで大事なのは、どちらが良い、悪いという話ではないということです。どちらにもメリットもあればデメリットもある。ただひとつ言えるのは、男女で会話スタイルが違うためにすれ違いが起こってしまうということです。ただそれだけのことなのに、女性は男性のリアクションに対して「私の気持ちをわかってくれない」と感じ、さらにそこから「私のことを愛していない」とまで思いつめてしまうことが多いのです。

自分から質問する、にこにこゆっくり聞く

それらを踏まえて丁寧に解説すると、まず女性と上手にコミュニケーションをしたければ「自分から質問をする」ということが非常に重要です。

男性は、相手のことを好きになると「オレってすごいんだぜ」的会話を始めがち。つまり、自分が一方的にしゃべる側になってしまう。ところが女性の場合、相手のことを好きになると「あなたのことをもっと知りたいわ」という姿勢になります。それが女性の会話のスタイルであり、マナーでもあるのです。

女性は、質問されること、それ自体によって、相手が自分に対して興味を持ってくれている、自分を尊重してくれていると感じるのです。ソムリエの方に取材をしたときに伺《うかが》った話ですが、モテない男のパターンとして、女性とレストラン

に行ってワインを選ぶとき、ソムリエとだけ会話をして勝手に決めてしまうという人がよくいるそうです。そこでひと言、相手の女性に「どういうのが好み？」と聞くか、最後に「これにしようと思うんだけどどうかな？」と確認するだけでも、女性は十分、自分が尊重されていると感じるでしょう。

夫や彼氏から「今日はどうだった？」というひと言があるだけで、多くの女性はうれしいものなのです。でも男性はそれがなかなかできない。悪意があって質問しないわけではなく、何かあれば自分から話すだろうと思っているからなのですが、そこからすれ違ってしまうのです。

なんでもいいから自分から質問する。そして、にこにこゆっくり聞く。これがまず女性とのコミュニケーションのコツです。男性はどうしてもオレ論をかまさなければと思うあまり、話を途中でさえぎってしまいがち。会話の75％は男性がインタラプション（遮断）しているという研究データもあるほどです。にこにこゆっくりうなずきながら「へー」「そうなんだ」「ふーん」と聞いているだけで、もてる男性になれると言っても過言ではありません。なぜならそれができる人が本当に少ないからです。普段の夕食で、ただゆっくり、少しの間箸を止めて奥さんの話を「へえー」と聞ける人はなかなかいませんよね。**女性は「聞いてくれない」ということだけで、愛されていないという寂しさまで感じて、必要以上に傷ついてしまう**ということは、覚えておいたほうがいいと思います。

「共感」がなければ「聞いている」ことにならない

さらに大事なのが「共感しながら聞く」ということ。ここでいよいよ**「うんうん」「そうだね」「なるほどな」**という三種の神器が活躍します。バリエーションとしては「そうか」「確かにそうかもね」「言われてみればそうだよな」など。相手の言っていることがどうしても理解できないときは「オレにはわからないけど、そうなのかもな」という言い方もあります。

ただひたすら受けとめる。まずは素直に相手の話を聞いてみる。それが男性にはすごく難しい。そのひとつの原因が**「同意」と「共感」を勘違いしている男性が多い**ということ。たとえば「あなたのやり方はおかしいわよ」と奥さんから言われた場合。同意と共感を混同していると、「共感する＝奥さんの言い分に全面的に同意して、自分が悪かったと謝らなければいけない」と考えてしまう。そうなると「共感なんてできるわけない」と思ってしまいます。

そうではなく、まずは共感というのは単なる「受けとめ」なのだとイメージしてみることです。この例でいえば、「あなたのやり方はおかしいわよ」に対して「おまえはそう思っているのか」と、ただそれだけ。これが共感です。それは否定しているわけでもなければ、同意しているわけでもありません。ただ受けとめているだけですよね。そこが理解できれば、「共感」の会話が無理なくできるようになるはずです。

さらに可能であれば、話を掘り下げるような質問をしましょう。たとえば、女性の仕事のグチを聞くとき。「A社の○○さんってすごくやっかいで、こっちから連絡しても折り返しもくれないし……」ときたら、ああすればいい、こうすればいいと、説教したい気持ちを抑えて「そうか、そうなんだ、けっこう失礼な人なんだね」とまずは共感する。それだけで女性はかなり溜飲《りゆういん》が下がるはずです。

そこでさらに「たとえばどんな言い方とかしてくるの?」と話題を深めるような質問をする。これができるだけで、あなたは「ちゃんと話を聞いてくれるいい人」に格上げです。女性同士は必ずこの手の、引き出すような質問をしているものです。

妻の夫に対する不満アンケートのようなものがあると、だいたい上位は「話を聞いてくれない」です。でも、男性は決して話を聞いていないわけではないのです。

「ねえ、あなたちゃんと聞いてるの？」「ああ、聞いてるよ。鈴木さんのところの息子が早稲田に入ったんだろ」のような会話はよくありがちですが、男性の感覚では、相手の話を脳内のハードディスクに落とし込めれば、つまり繰り返すことができれば「聞いた」ということになるのです。ところが**女性の場合、共感のひと言がなければ、話を聞いたことにはなりません。**「え、あの子が？　早稲田に入ったのか、すごいな」など、共感に加えて、さらに何かしらエモーションを返してくれるということが大事なのです。

男性が「共感」できない理由

深層心理的な話をすると、男性は共感しながら会話することに対して、抵抗感と恐怖感が出やすいのです。抵抗感の要因は二種類あって、まず、相手の意見をそのまま「そうだね」と受けとめる会話というものは、低レベルで幼稚だという思い込みです。そのため、そういう会話をしようとすると、なんだか自分がバカになったような気がしてしまう。もうひとつは、「うんうん、そうだね」なんて、手を抜いている会話のようで、相手に失礼だという抵抗感です。

そして恐怖感ですが、男性は小さい頃から「男の子なんだから泣くな」「弱音を吐くな」というふうに、感情を抑圧されやすくなっています。そうすると、感情を出すこと自体が恐ろしくなるのです。女性が「夕日がきれい」と言うと、女性らしくていいねと言われたりしますが、男性がうっとりしながら「夕日がきれい……」なんてつぶやいたら、よほどの美少年以外、背筋がぞっとしますよね。男性は成長の過程で「きれい」「うれしい」「楽しい」あるいは「悩んでいる」「苦しい」「つらい」といった感情を出すことを抑圧されやすい。だからエモーションを出すと、自分が無防備になった気がして怖くなるのです。

そういった深層心理レベルの話を抜きにしても、単純に普段口にしていない言葉というのは、簡単には出てこないものです。たとえば英会話でも、いくら単語やフレーズを知っていても、実際に口に出したことがなければ、急に話そうと思っても出てこないものですよね。小さい頃から口にし慣れていないがゆえに、「なるほどな」「そうだよね」というひと言が言えない、という面もあるのです。

会話ひとつで、関係はうまくいく

さて、ここで練習問題です。

妻「今日は掃除していたら一日終わっちゃった。家事って大変なのよねー」

あなたが夫ならどう答えますか？

×「そんなこと言ったってさあ、おまえは一日家にいるんだろ。じゃあおまえ、オレの代わりに営業やってみろよ。いいよな、おまえは。人に頭を下

げなくていいんだから」

こんな調子で反論してしまう。これは男性が非常にやってしまいがちなNGパターンです。

△「大変だよねー。うん、わかるわかる」

かといって、安易に共感してしまうのも危険です。「あなたに何がわかるわけ？　やってもいないくせに」と、さらに責められるのがオチ。たとえばビジネスの場面でも、こちらの苦労話を、異業種の人に「あーわかります」なんて訳《わけ》知り顔で言われたら、カチンときますよね。こうしたケースの場合、共感にもスキルが必要になってきます。

というわけで、ＯＫパターンを見ていきましょう。

◎「なるほどなー」「そうだよな」

ちょっと感慨深げに、言われてみればそうだよな、と軽く共感する。これだけで多くの女性はかなり報《むく》われた気持ちになると思います。

◎「(自分にはわからないけど) キミが言うんだから、本当にそうなんだろうな」

オレは普段家事をやらないから、実感としてはわからないけど、キミが大変だと言うんなら、きっとそうなんだろうな、というニュアンスです。

男性が誤解してしまいがちな点は「じゃあオレが洗濯と皿洗いやるよ」と申し出るのが、女性が求める正解だと思ってしまうことです。そして「わかったよ、じゃ、日曜はオレが皿洗うからそれでいいだろ？　オレも手伝うから、文句言うなよ」と不機嫌顔で返してしまったりする。「家事も大変なのよ」のひと言で、自分が家事をやっていないことを責められているような気になってしまうのです。だからつい反論してしまうんですね。

でも、たとえ女性が実際に責める気でいたとしても、そこで夫から「そうだよな、大変だよな、いつもありがとう」という言葉が返ってきたとしたら、それ以上責める気はなくなると思います。会話ひとつで、自分がペナルティーを負うことなく、相手の不満をやわらげることができるのです。

ここまで読んだ時点で、

「そんなの、ただ相手を甘やかすだけの会話なんじゃないの？　そもそも人間関係っていうのは、ぶつかり合ってこそ深まるものだろ？　だからオレは『うんうん』『そうなんだ』なんて絶対言わない」
「本音でぶつかってきてほしい女性もいるはずだ」
「こんな会話をするヤツはしょせん情けない男」
「そんなこと言ったって、客観的に見て、家事より会社の仕事のほうが大変なのは事実じゃないか」

などと反論したくなっている男性も多いことかと想像できます。

でもちょっと待ってください。そんなふうに反射的に「オレの意見」を言いたくなる。議論や「どちらが正しいか」「どちらのほうが物事をよりわかっているか」と勝負モードに入っていく。それこそがまさに男性型の反応であり、勝負型会話、議論型会話がしみついてしまっているのです。

もちろん、決してそれが悪いというわけではありません。ただ、その資質は女性の会話スタイルとは対極にあるものなので、女性とはすれ違いやすい、ということを理解しておけばいいのです。

なにも男性型会話をやめろ、と言っているわけではありません。それはあたかも日本語を話すのをやめろと言っているのと同じこと。今持っている会話スタイルを捨てるのではなく、コミュニケーションレベルを上げるために、幅を増やすのです。日本語以外に英語を身につけるように、もうひとつ違う会話スタイルを持っておくと考えればいいのです。なにも今日から、女性と会話するときは「うんうん」「そうだね」「なるほどな」と、全面的にスタイルを切り替えろ、ということではなく、まずはひとつだけでも使ってみる。いつもだったらすぐに「でもさー」と反論するところを、「そうか、なるほどな」と言い換える。それだけで、大げさではなく新しい地平が開けてくることと思います。

共感ではなく、否定しなければいけないとき

女性の会話は共感型とはいっても、否定が必要なときもあります。

「私、最近太っちゃった」「えー、全然そんなことないよー。○○ちゃん、すごいスタイルいいじゃん」というような場面ですね。以前、レストランで奥様3人組の会話が聞こえたのですが、「うちのダンナがこうで、イヤになっちゃうわ……」「えー、いいダンナさんじゃない。ウチなんかこうなのよ」「えーそんなこ

とないよ、すごくやさしいじゃない。ウチのダンナなんかこうで……」「えーそんなことないよー」との無限連鎖が続き、これはさすがに女性型会話に慣れた私でも、ついていけないものを感じました。

このあたりが女性の難しいところで、「なんでも共感」ではなく、否定してほしいときがあるのです。たとえば女性同士で洋服を買いに行った場合、試着して「似合わないかなー」と言っている相手に対して、「そうね、全然似合わないね！」とは、よほどの場合じゃない限り言わないものですよね。だから男性も、いくら彼女が試着した服が似合ってないなと思ったとしても、「うん、似合わない、似合わない！」と共感するのではなく、「悪くはないんじゃないの？」ぐらいで返しておくのが無難です。

それでもまだ迷っているようだったら、そこで改めて「そうだな、あくまでもオレの意見なんだけど、ほかにもっといいものがあるかもしれないから、もうちょっと探してみてもいいかもね」といった言い方をすれば、相手を傷つけずにこちらの意見が言えるでしょう。

最終的に相手が似合わない服を買ったからといって、虚偽申告の罪で裁かれるわけでもないのですから「いつもと違う感じで、いいんじゃない？」くらいは言っておいてもいいのではと思います。

それでもダメなら、どうすりゃいいの？

さて、女性とのコミュニケーションで気をつけるべきポイントをあれこれ示してきましたが、ここまでやってもなお、うまくいかないときがある、というのが女性の難しさ。セミナーで出会ったある男性が「妻との関係が危機なんです」と言うので、ここまで書いてきたような女性型会話を試してみたらどうですか、と言うと、「いやー、やってるんですけどね……」とため息をつきました。「それをやると『適当に流してる』とか『逃げてる』とか言われるんです」

オレはこう思う、とはっきり意見を言えば「あなたは私の気持ちがわかってない」と責められるし、「うんうん、そうだよね」と言えば言ったで、「適当に聞き流してる」と非難される。「じゃあ一体どうすりゃいいの？」。これが世の男性の本音だと思います。

これは、女性側にも矛盾しているところがあるのが一因です。男性はビシッと正論を言うもの、オレ論を言うもの、というイメージがあるので、はっきり言ってくれないと物足りない。その一方で、共感をベースにした女性型会話をしてほしいという気持ちもあるので、男性型の物言いをされると「私の気持ちがわかっていない」と感じてしまうのです。

そこは女性のほうでも割り切りが必要な部分なのではと思います。本当に相手の意見が聞きたいのか、ただ話を聞いてほしいだけなのか。それを最初に相手に伝えるか、少なくとも自分のなかではっきりさせておく必要があると思います。

コミュニケーションでは、会話が始まる前に、自分がどういう結果を求めているかのゴールを考えることが重要です。ゴールのイメージがないまま、なんとなく会話を始めてしまうと、相手からどんな反応が返ってきても気に障《さわ》ってしまい、望む結果にたどり着けないのです。そもそも「望む結果」がきちんとイメージできていないのですから、当然ですよね。そのあたりは、女性側の意識の持ち方も大切なのではないでしょうか。

女性にとっていちばん大切なのは共感だ、と散々書いてきた私ですが、実はそんな私が妻から受ける苦情の第1位は「共感が足りない」というものです。先日も、妻が言った言葉に対して、すかさず反論し出した私に、妻は冷ややかに言い放ちました。

「あのさあ……、こういうときはまず共感じゃなかったっけ？」

妻も私が書いた本を読んでいるのです。ぐうの音《ね》も出ない巧妙な責め方をされ、私もさすがに反省しました。そして、この本を書くにあたり、自分の書いていることは実行しなければと思い、妻にはひたすら「うんうん」「そうだね」「なるほどな」で会話することにしました。

すると、まず気持ち悪がられました。「うんうん、そうだね、なるほどな」→「なんか気持ち悪ーい」とはこれまた理不尽な反応ではないかと思いますが、ただ、その後すごくコミュニケーションがうまくいっていることは確かです。会話のスムーズさがまったく違います。そしてさらに、心が穏やかになっている自分に気づきました。血の気を抜かれちゃった感じ、とでも言えばいいのでしょうか。冗談ではなく、「あれ、もしかして、ガンジーってこんな感じの境地だったいのだろうか?」と思い始め、思わずネット書店でガンジーの伝記を買ってしまいました。

それはともかくとして、私の個人的経験や周囲の話を含めての結論として、ここまで書いてきた会話パターンを使えば、間違いなく女性とスムーズなコミュニケーションができるようになります。私も、これまでいかに自分が女性との会話のなかで、負けまいと戦っていたかということがよくわかりました。

ただ、私個人としては、こんなに血の気を抜かれちゃっていいのかな、という思いがあるのも事実です。女性とのスムーズなコミュニケーションをとるか、それとも討ち死にしてでも戦いの美学を貫くか? 男性のみなさんにはぜひ実行していただいて、その心境を味わっていただければと思います。

Part2

女性のあのひと言にはこんな意味が！

言葉のウラが読める、翻訳上手な人になりましょう彼や彼女の「このひと言の意味がわからない」といった雑誌の特集をよく目にします。

たとえば女性が彼の誕生日に、「どんなプレゼントがほしい?」と尋ねたら、「別になんでもいいよ」という答えが返ってきた場合。「一体どういう意味?」と悩んでしまう女性も多いようです。

女性はそういうときは、「〇〇だったらうれしいかも」とやんわりとでも自分の希望を伝える傾向があります。少なくとも「なんでもいいよ。以上」とバッサリ終わりにはしないはずです。

でも男性なら、その返事は本当に「なんでもいい」「キミに任せるよ」という意味で、それ以上でも以下でもないことがわかるはず。もしくは「そんなに気を遣わなくてもいいよ。ほんとになんでもいいからね」というやさしさかもしれない。

こんなふうに、同性の間でなら通じるのに、異性からするとフランス語かイタリア語ぐらい意味がわからない言葉というものがあります。意味がわからないから、どういうリアクションをしたらいいのかわからず、的外《まとはず》れなリアクションになってしまう。それで相手が傷ついたり、不機嫌になってしまうというケースが非常に多いのです。

この章では、女性から言われるけど男性にはよく理解できない言葉を集めて、その言葉の翻訳の仕方とリアクションの仕方を勉強してみたいと思います。女性が読んだら「どうしてこんな簡単なことがわからないのか」と、おそらく不思議に思うことでしょう。

女性は男性とは違う言語をしゃべっていると思ったほうがいいかもしれません。

Part1で書いてきた「共感」などは、深層心理と結びついているので、根が深いものなのですが、この章で取り上げるものは、単に言語レベルの問題で、違う言語をしゃべっているから翻訳ミスが起きている、という事例です。

正しい翻訳の仕方を、ここでしっかりマスターしてみてくださいね。

今日お昼に食べたパスタがおいしかったんだ

✕「だから何？」

男性からすれば、なんでいちいちそんなこと報告するわけ？　オレに何を求めてるの？　と思いますよね。ところがこういうささいな情報を伝え合って、分かち合うことで親密さを深めていくのが、女性型会話なのです。男性からすると、正直なところ、くだらない情報交換をしていると感じるかもしれません。

男性型会話は、ビッグニュース、ビッグイベントを伝え合うもの。「今日昼にパスタ頼んだら、その量が普通の5倍くらいあった」などという話であれば、まだ話す価値がある。でも、男性同士で「今日昼に食べたパスタがおいしかったんだ」「えー、ほんとにー？　オレも食べたーい」なんて会話が交わされていたら、ちょっと気味が悪く感じませんか。男性からすると「パスタがおいしかったんだ」と言われても、オチがないので反応のしようがない。ところが女性同士であれば、「えーそうなの！　どこのお店？」「それが下北沢の○○っていうところで……」というふうに会話が展開していくのです。

そこから理解すべき点は、まず**男性からすると一見くだらない情報を女性が伝えてきた場合、女性はそれを共有したがっている**のだ、ということ。もうひとつは、**女性は相手が興味を持って聞いてくれる、その態度そのものによって、自分への興味や愛情を推し量ろうとしている**ということです。言い換えれば、ひと言「へー」で済まされてしまっただけで、すごく寂しい気持ちになってしまうのです。

「今日新宿に買い物に行ったんだー」「へー」「すっごいかわいいワンピースがあってね、買っちゃったんだ」「あっそう」

こんなとき、男性には悪気がなくても、女性はすごく哀しい気持ちになっているはずです。女性が期待しているのは、「へえー、どんなの？」とか「えー、じゃあ今度着てきてよ！」といったリアクションで、それがあるとすごく気持ちが盛り上がるのです。こういう返し方ができる男性はとても会話上手だし、モテると思います。逆にいえば、これができないと、デートをしていてもなかなか話が続かないのです。

さらにいえば、冒頭のような言葉を引き出す質問が男性側からできたらなおいいですね。「今日何食べたの？」と、男性側から聞いたり、彼女が「今日原宿に買い物に行ったんだ」と言ってきたら「何かいいものあった？」と聞き返す。それだけでかなり女心がつかめると思います。それくらい、こういう会話ができる男性というのは希少です。

女性はこの点について、男性を育てたければ、「ただ興味を持って聞いてくれるだけでいいんだよ、それだけで十分満足だから」ということを伝えるようにするといいと思います。そうすれば男性も「あ、なんだそれでいいんだ、コメントしなくても許されるんだ」と、すごく気が楽になるはずです。

男性は、一見ささいなことをただ気持ちよく聞いてあげるだけで、女性とのコミュニケーションは何倍もスムーズになる、ということをぜひ心得ておきましょう。

○

そろそろ海の季節だね

×「うん、そりゃそうだね、7月だもん。だから何?」

こういう言葉には、女性型会話スタイルのすごく深い部分が隠されています。

それは何かというと、**女性は遠回しに自己主張をする傾向がある**ということです。

女性は伝統的に、育てられる過程で自己主張を抑圧されやすいのです。そのために、女性の自己主張は「でしゃばり」「わがまま」というような、ネガティブなイメージを植えつけられ、会話もストレートに「こうしたい」と言うのではなく、やんわりと伝えるようなスタイルになるのです。

ところが男性型スタイルは、自己主張したいときはストレートに主張するというものなので、女性の遠回しな言い方の裏にある真意が理解しにくい。「そろそろ海の季節だね」を翻訳すると「一緒に海に行けたらいいね。どこの海に行こうか？」というような話をして盛り上がりましょう、楽しい夏の未来予想図を二人で描いて楽しい気持ちになりましょう、という意味なのです。

でも男性は、「そろそろ海の季節がやってまいりました」とニュースで読み上げられたかのごとくに、言われた情報を、ただ「そのまんま」で受け取ってしまいがちです。男性なら、海に行きたければ海に行きたいとストレートに言うので、主張の言葉がないということは、ただ情報を伝えているだけなんだな、と解釈してしまうのです。

この例におけるＯＫ対応は、次のようなもの。

「そろそろ海の季節だね」「そうだね（まず共感）。今年はどこの海に行こうか？」

「えー、沖縄とか行きたい！」

そこで「沖縄なんてありきたりじゃね？」などと無用な反論をしてはいけません。

「あー、沖縄いいよね。海もきれいだしね。じゃあ来月一緒に行こうか。キミのために最高のホテルを予約しておくよ」と、ここまで来ると少女マンガの世界で、ちょっとやりすぎ。一般男子はそこまでする必要はないので、「うーん、沖縄はちょっと難しいかもしれないけど、鎌倉あたり行ってみない？」。これぐらいで十分です。

いずれにせよ重要なのは、こういう何気ない言葉に女性の自己主張が隠されている可能性が高いということ。そこを敏感にキャッチすると「女心がわかる男性」として女性受けが格段に良くなります。

男性はこのように、本来勘ぐるべきところはまったく気がつかないのに、「ビキニ買っちゃった」なんて言われると「なになに、今年の夏は開放的になっちゃうワケ？」だとか、余計なところにばかり異常な嗅覚を働かせたりするんですよね。そこもまた男性の困った一面といえるかもしれません。

○

私って○○なんだよね

✕「そうなんですか。で？」

男性は「自分はこんなふうにすごい」「こんなことをやっている」「こんなものを持ってる」ということは語りたがるけれども、「自分はこういう人である」という、パーソナリティー的なことはあまり語らないものです。ところが女性はこういうことを語りがちです。

「私ってけっこう寂しがりやなんだよね」「私って体育会系の男はダメなんだよね」などなど。さらには「私ってA型っぽいって言われるんだよね」「あーそうなんだ」「でも本当はB型なんだー」なんていう変化球が来たりすることも。男性としては、自分にとってすごく興味のある女性ならともかく、普通レベルの相手からそんなことを聞かされても「はあ、そうですか」としか言いようがありません。

ここで女性が求めているのは何かというと、まず共感型会話で「お互いのことを知りましょう」ということ。女性同士なら「A型っぽいって言われるんだよねー」「ああ、わかるわかるー」といった調子で会話が進んでいくはずです。会話の呼び水というか、ちょっとボールを投げるから受け取ってくれない？という程度のものでしょう。

でも男性は、何を求めているのかがはっきり見えない会話というのはしにくいものです。「私ってけっこうシャイなんですよ」のあとに「そんなふうに見えますか？」という質問がついていれば、意図がわかるので反応できる。しかし、完全な疑問文にならず、「私って○○なんだよね」で自己完結されてしまうと、反応に困ってしまいます。

独り言のような投げかけの言葉が、女性の会話には多いのです。それは前述のように、女性が自己主張を抑圧されてきていることと関係があるのですが、男性にとってこうした言葉は単なる独り言にしか聞こえません。ところが**女性が求め**

ているのは、そこから自分に興味を持ってもらうこと。「A型っぽいって言われるんだよね」「そうなんだー、確かにそうかもね、おしとやかそうな感じだし」というような会話を求めているのです。

ただ、「私ってこう見えてけっこう寂しがりやなんだよね」のような、ネガティブな内容の場合は「うん、わかるわかる！　一人の部屋でずっと植物に話しかけてそうだもんね」などと同意するわけにもいかないので、対応が難しいところです。

このようなときは、インチキ占い師がよく用いるメカニズム「バーナム効果」（「あなたは自信家ですが、ときには自信がなくて落ち込むときもあります」のように、結局誰にでも当てはまるような言い回しをすることで、当たっていると思わせる）を応用して、「確かに寂しがりやにも見えるけど、盛り上がるときはけっこう盛り上がるんじゃない？」などと言っておけば事足ります。

もちろん「実は私ってけっこう明るいんですよ」のようなポジティブな内容のときは「あー、わかるわかる。一緒にいると楽しいもんね」と、どんどん乗せていってあげたらいいと思います。

この手の言葉は「もっと私に興味を持って」「もっと私を引き出して」というサインなので、「だから何？」「別にキミには興味ないんだけど」という反応ではなく、「どんなふうに？」「そうは見えないな」「意外だねー」といった言葉、あるいはバーナム効果を使うなどしてうまく受け流すようにしましょう。

○○っていつか行ってみたいな

✕「じゃあ行けば？」

同じ主張や願望でも、これが「そろそろ海の季節だね（＝海に行きたいな）」と違う点は、もっと実現可能性の低い、夢物語的な願望であるということです。「モルジブっていつか行ってみたいな」というようなセリフです。

ここで知っておくべきなのは、**こういう場合、女性は具体的なプランを練りたいというわけではなく、その夢に共感してほしい**のだということです。「私の夢を肯定して、受け入れて、一緒になって夢を語ってほしい」という気持ち。

ですから、男性はそこで例によって「モルジブっていえば、温暖化で水没してきてるらしいぜ。今、地球って相当ヤバいよな」のような、的外れなオレ論をかます必要はないのです。

「アフリカっていつか行ってみたいな」「おまえライオンに食われるぞ」のような茶化した会話や、「インドに行ってみたいな」「オレはいいや、下痢しそうだから」といったネガティブな会話。

また、「パリに半年ぐらい留学したいな」「あー、だったらヨーロッパは日本以上に物価が高いから、相当貯金しないとな」といった現実を突きつけるような会話。すべてNGです。

客観的に考えれば「行きたいよねー」で終わらせておけばいいものを、男性はなぜかこんなリアクションをしがち。女性同士なら「プロヴァンスとか行きたいよねー」「うん、行きたい行きたい！」で終わるものです。

夢をお互いに語って、分かち合って終わる。それで十分なのであって、オレの客観的な意見だとか、実現可能性というような議論をかわす必要はないのです。

さらにできる男性になると、「行ってみたいね」と共感するだけではなく「じゃあ、いつか行こうね」というひと言が言えるのです。女性のほうも最初から夢物語として話していることなので、「いつか行こうね」と言われたからといって「じゃあ、具体的にはいつ？」などと食い下がったりはしないはず。

「うん、行きたいね」「いつか行こうね」という言葉を返すことで、女性にさらに前向きな気持ちになってもらいましょう。

○ 行きたいよね／いつか行こうね

私のこと ちっともわかってないよね

✕「そりゃわかんないよ、だって他人だもん」

男性はこれを言われると「そりゃわからないよ」と思うだけでなく「うわー、来た来た」という気持ちになるのではないでしょうか。なんだかねちねち責められているような不快感を覚えることと思います。

この言葉は「本当は私のこういう気持ちをわかってほしかったのに、わかってくれなかったよね、ちょっと寂しかったんだ。もうちょっとわかってくれたらうれしいな」という女性の気持ちが集約されたものなのです。

「そうか、オレ、どういう部分でわかってなかった?」のような言葉を期待しているわけなのです。「ごめんな、なんでオレ、おまえの気持ちがわかんないのかな。傷つけちゃってごめんな。ほんとバカだなオレって。でもおまえのこと世界でいちばん愛してる！（キュピーンとハートが舞う）」的な、少女マンガのような展開が女性の理想です。もちろんそこまでやる必要はありませんが、自分が何をどうわかっていないのか、真剣に尋ねるような返し方をするのが良いと思います。

これは質問が抽象的すぎる、いわゆるビッグクエスチョン。投げてくるボールが大きすぎるので、答えようがないのです。「ねえ、私のことどう思う？」という、よくありがちな質問も同様です。「どう思う？」と聞かれても、漠然としすぎていて答えられませんよね。

このようなビッグクエスチョンに対しては、スモールクエスチョンで返すというのが基本的な対処法。私が雑誌などのインタビューを受ける際にも「女性の心をつかむコツをお願いします」といきなり切り出されることがあります。でもそれはビッグクエスチョンなので、非常に答えづらい。そこで私のほうから「それはたとえば、食事への誘い方などですか？」と、具体的な質問、スモールクエスチョンで聞き返してから話を始めます。そうすれば、相手の意図からずれた回答をしてしまうリスクを減らすことができるのです。
「私のことちっともわかってないよね」というビッグクエスチョンが来たら、「どうしてそういうふうに感じるの？」「そう思ったきっかけって何かあるの？もうちょっと詳しく教えてくれないかな」というように聞き返せるだけでもすばらしい。

そもそも、女性がこういう言葉を発するときというのは「ほら、このあいだのデートのとき、こういうこと言ったでしょ、あれすごく寂しかったんだ」のように、その原因を言わせてほしいことが多い。男性はそこで「ごめんな」と謝ることができれば100点ですが、無理なら「そうか、そう受け取られちゃったか」という、共感のひと言だけでもいいと思います。

でも多くの男性にとっては、そういう会話は難しい。「あなたって私のことちっともわかってない」「わかってるよ」「わかってないじゃん」「わかってるよ。おまえ、あれだろ、ほら、トンカツが大好きだよな」みたいな不毛な言い合いをしてしまったり、「何がわかってないっていうんだよ！」と怒りモードになってしまったり。

「私のことちっともわかってないよね」という言葉が女性から出た時点で、責められ感やどう答えていいかわからない感で気まずくなり、会話が成り立たなくなるケースが多いのです。そんなときは前述した、この言葉の翻訳を思い出してみてください。

「自分のことをわかってくれていないんじゃないか、私のことを愛してないんじゃないかとすごく不安なの。もっと私のことわかってくれたらうれしいな」という、隠された気持ちに気づければ「特にどんな点でわかっていないかな？」のような言い方が、自然にできるのではないでしょうか。

いきなり「ごめんねごめんね」と謝り倒すのも、気弱そうな感じがするので要注意です。まずは冷静に「どんなところがわかってないか、ぜひ教えて」という姿勢で臨むのが大事なのです。

○ どうしてそう思うの？

✕「別にどうだっていいじゃん。何をどこまで報告すりゃいいの？」

一体何が知りたいのか、男性からすると意図がわからない言葉です。

たとえば電話をかけてきたときに「今何してたの？」と聞かれるのはわかります。今電話ができる状態かどうか確認したいんだな、と理解できますから。でも「今日何してたの？」と聞かれても、漠然としすぎているし、なんでキミにいちいちそんなこと報告しなくちゃならないんだ、という気持ちにもなると思います。

この言葉は、女性からすると「今日お昼に食べたパスタがおいしかったんだ」と同様に、**単に今日何があったか情報交換する、というぐらいの感覚で、たいして深い意味があるわけではない**のです。「今日はいい天気だったね」「そうだね」

というレベルで、そこから会話を始めましょうという、話のとっかかりに過ぎません。ところが、この言葉を言われると、まるで母親から行動を全部監視されているような息苦しさと、束縛の気配を感じて、怖くなる男性も多いと思います。

あるいは「何してたの？」という言葉を額面どおりに受け取りすぎて、「まず朝8時15分に起床、その後朝食をとり、9時5分前に家を出て……」と、逐一報告しなければいけないのかと思ったりする。この言葉も前項同様、ビッグクエスチョンなので、まともに答えようとすると難しい。これは単なる話のとっかかりであるということを理解して、深く考えないのが対処のコツです。

NGなのが「いや特に……」とか「別にどうだっていいじゃん」というひと言。女性はこの言葉を「キミなんて別にどうでもいい人なんだから、いちいち報告する義務なんてないだろう」というふうに受けとめて、とても寂しくなってしまうのです。

「今日何してたの？」と聞かれたら「うん、朝から洗濯なんかして、そのあと昼飯に餃子焼いて食って、あとはプラプラしてたよ」程度に、さらっと答えておけばいいのです。できればさらに「その餃子が意外にけっこううまくってさ」など、何かひとつエピソードを添えるとよりいいですね。そして、そこで終わらずに、彼女にも同じ質問をしてあげる。だいたい「今日何してたの?」と女性が聞いてくる場合、彼女自身も同じことを聞いてほしいものなのです。できる男性は、ここをきちんと押さえています。そうすると、女性にとって非常に満足度の高い会話になります。

反対に女性のみなさんは、あまり男性に「今日何してたの?」といった聞き方をしないほうが良いと思います。聞くのであれば、「今日、夕飯何食べた?」「お買い物どこに行ってきたの?」など、もう少し具体的なスモールクエスチョンにして、答えやすくしてあげたほうが、リスクを減らすことができるでしょう。

ちょっと買い物に出かけたよ。
キミは何してたの?

ねえ、どっちのほうが似合うと思う？

✕「せっかく一生懸命答えたのに『でもやっぱりー』ってどういうこと？」

これもやっかいな質問ですよね。「どっちが似合う？」と聞かれること自体は問題ないのですが、そこで考えて「こっちかな」と答えると、「えー、でもー」と来る。わけがわかりません。だったら最初から聞くなよ、というのが男性の本音かと思います。

女性型の会話では、お互い質問をして、意見を言い合いながら最終決定をしていきます。ところが男性型では、「他人に意見を聞く＝自分自身では十分に考えつくしましたが、結論が出ません。だからぜひあなたのご意見をお聞かせください」ということなんですね。男性は最終判断を任されたと思って答えているので、そこで反論されるのが信じられないのです。

女性同士でショッピングしているときの会話を聞いていると、「どっちが似合う?」と聞かれたほうはたいてい「うーん、こっちもいいんだけど、そっちもいいよね」のように、言葉をにごすものです。「こっちがいいよ」とはなかなか断定しません。「そうだね、迷うなー」「こっちも、こんなときにいいと思うけど、そっちも捨てがたいよね」「うん、○○ちゃん、こういうの持ってるから、もしかしたらそっちのほうがいいのかもしれないけど、こっちもかわいいから迷うよねー」と、ものすごくささいなヒントを与え合いながら、解決策を探っていく。

そして、最終的な判断を下すのはあくまで「どっちが似合う?」と最初に聞いてきた側なのです。男性としては、ちょっと理解に苦しむ会話スタイルかもしれません。

「どっちが似合う?」と聞かれた場合、簡単に逃げる方法は「自分としてはどう思う?」と聞き返してしまうことです。疑問文に対して疑問文で返す。「自分では、今どっちのほうが優勢?」「自分の気持ちとしては、何対何ぐらい?」など、聞くことによって、相手の考えをまとめてあげるのが、賢いコミュニケーション術です。

それは自分のやり方じゃないなと思う人は、軽く自分の意見を言うのもありです。わざとちょっと迷ったフリをしながら「そうだなー、うーん、どっちも似合うと思うんだけど、オレが勧めるとしたらこっちかな」という感じで、答えを押し付けない言い方にするのが重要です。男性はこういうとき、つい「おまえが着るものなんだから自分で決めれば」などと言ってしまいがちですが、女性にとっては「迷うよね」という共感がほしいのです。一緒に考えてくれている、というのが大切。一緒に考えながら、ちょっとずつヒントをくれて、自分の考えをまとめてほしいのです。

面倒くさいですよね。私が読者だったら「こんなのやってられっか」と思います。でも、やらないと生き残れないのです。反対に、男性が服を買うときも、自分一人でパッパと買わずに、彼女に「どっちがいいと思う？」といった質問をしてみたほうがいいと思います。それだけで、女性は自分も参加させてくれていると感じ、尊重してくれていると感じるのです。

さらにやっかいなのは、女性が「どっちが似合う?」と聞いてくる場合、すでに自分自身のなかでなんとなく結論が出ていることが多いということです。女性は内心Aのほうがいいと思っているのに、男性が「B」と言ってしまうと、「この人とはセンスや価値観が違うのかも」とまで思われてしまう危険性があります。

女性は、男性にこの手の質問をする場合は「私の気持ちはこっちのワンピースにかなり傾いているんだけど、どうかな?」とか「正直にあなたの意見を聞きたいんだけど」という聞き方をするといいでしょう。そして最後に「アドバイスありがとう」「一緒に考えてくれてありがとうね」のひと言があれば、また次回も気持ちよく買い物につきあってくれるはずです。

○

そうだなー、どっちもいいけど、オレはこっちが好きかな

ねえ、私のこと本当に愛してるの？

✕ **「え、だからこうしてつきあってるんでしょ？」**

愛しているからつきあっているのであって、なんでわざわざそんなこと聞くわけ？と、これも男性からすると、意味不明な質問です。これは女性の気持ちとしては、**単純に「愛してる」と言ってほしい**わけですよね。だから男性も「もちろん愛してるよ」とシンプルに言えれば、それで済むことなのです。

それから、**この言葉の裏には、寂しいという気持ちが隠されていることも多い。**女性が望む少女マンガ的な展開としては「私のこと本当に愛してるの？」「どうしたんだ、何があったんだい？」「だって、最近メールとか電話くれないじゃない。私、あなたの愛が不安なの」「ばかやろう！　オレがおまえのこと、こんなに愛してるってなんでわかんないんだよ。もういいよ！」と、ここで喧嘩別れになり、1週間ぐらい音信不通になる。そして「私たちもう終わりなのかな―」と思いながら彼女がオフィスで仕事をしていると、彼から突然メールが。「ちょっと外を見て」。え？　何かしら？　と外を見ると、隣のビルの電光掲示板に大きく「ア・イ・シ・テ・ル」の文字が。ここで鳴り出すBGM（ドリカム）とともに、夢中で会社を走り出て行くと、そこには花束を持った彼が。「愛してる、精一杯愛してる。もう寂しい思いなんかさせない！」

そんなのないっつう話です。当然そこまでする必要はありません。普通の対応としては「もちろんだよ。でも、どうしたの？」、これぐらいでいいんじゃないでしょうか。たいがいは自分の寂しさや不安を聞いてほしい、思いを受けとめてほしいはずなので「何があったの？　教えてくれない？」とダメ押しで聞けば、おそらく大丈夫だと思います。

似たようなフレーズとして「なんか最近冷たくない？」というのがあります。この場合も男性としては「いや、冷たくないですよ。以上」という対応をしてしまいがちですが、これもやはり、そう思った理由を聞いてほしいのです。だから「どうしたの？」と聞いてあげましょう。そこで「前は毎日メールくれたのに、最近少ないよね」などと言われたら、「そうか、オレとしてはただ忙しかっただけなんだけど、そう感じてたのかー」と受けとめてあげる。「じゃあ、なるべくメールするようにするね」で、たぶんご満足いただけるのではないでしょうか。

女性はストレートにこうしてほしい、という自己主張を避け、相手から引き出してもらうのを待つ傾向があります。それをしてもらえないと「気持ちをわかってくれない」と感じてしまう。

一方、男性からすると「だったらはっきり言えばいいじゃないか」と思ってしまう。そこですれ違ってしまうんですね。その単純なメカニズムに気づくだけで、きっと対応がしやすくなるはずです。

○ もちろん愛しているよ

もうほんと、イヤになっちゃった

✕ 「じゃあやめれば？」

「もう、今の仕事がイヤになっちゃった」、じゃあやめれば？「彼との関係がイヤになってきちゃった」、じゃあ別れれば？「もう、疲れちゃった」、じゃあ休めば？

男性としては、そうとしか言いようがないのではと思います。これは女性のみなさんならおわかりのとおり、そこから**「どうしたの？」と聞いてほしいん**ですよね。「疲れちゃった」と言ったら「どうしたの？」と事情を聞いてくれて、「それは疲れちゃうよね、じゃあゆっくり休んだらいいんじゃない？」と、やさしく言ってほしいわけです。でも男性はなかなかそれができません。

まず「何が言いたいの？」と、意図が汲み取れない。または「疲れた」と言われると、物理的に体が疲労したのかと解釈して「いいマッサージ師紹介しようか、すっげー気持ちいいぜ」などと、的外れな対応をしてしまう。もっとひどいのは説教ですね。仕事のグチで「もう、イヤになっちゃった」と言われると、「安易に会社はやめないほうがいいよ。今は正社員になるのだってひと苦労なんだから」「そんなこと言ってたら仕事なんかできないぞ」などとかましてしまう。

女性は説教されたいわけではなく、話を聞いてほしいだけなのですから、正解はまず「どうしたの？　どうしてイヤになっちゃったの？」と聞いてあげることと。女性はこの時点でうれしいはずです。「それがね、うちの課長がこういう人でね……」という話になったら「そうかー、そういう人っているよね」「それでは、やる気なくすのも無理ないよね」と、「共感」です。そうやって話を十分聞いてあげたうえで、「じゃあ、やめたいの？」という話は最後に持ってくるべき。「まあ、そうはいっても、どこの会社でもいろいろあるもんだし、がんばりなよ」と、**説教するにしても、いきなりガツンとやるのではなく、最後の結論と**

してならいいのです。要は順番の問題ですね。

女性も男性がアドバイスしてくれるのがいやなわけではないし、むしろ最後までただ「うんうん、そうだよね」と話を聞いてくれるだけでは、満足度が低いのではと思います。説教やアドバイスの前に、話を十分聞くという「ひと手間」をかけることが大事なのです。

女性は、男性にグチを聞いてほしいなら、「ほんとイヤになっちゃった」のあとに「ちょっと聞いてくれる?」とつけたほうが聞いてもらえる可能性が高まります。そして最後に「聞いてくれてありがとう」と必ず言うこと。「ありがとう、聞いてくれてすっきりした」と言われたら、男性は報《むく》われます。たとえそれまで内心「話なげーな、要するにやめるのかやめないのかどっちなんだよ?」とイライラしていたとしても、その言葉があれば「すっきりさせたオレ」というプライドが満たされて、一瞬にして気持ちがよくなります。

「疲れちゃった」というような言い方は、完全に独り言なので、男性は反応しづらいのです。男性には、意図がわかるようボールをしっかり投げることが肝心。

「今、精神的に少し疲れちゃってて。ちょっとグチっぽくて悪いけど話聞いてくれない？」と、完全な疑問形にすれば、「ああいいよ、話を聞くぐらい。メシでも食いながら聞こうか？」と、やさしい言葉が引き出せるはずです。

○ どうしたの？／何かあったの？

Part3

もう怖がる必要はありません！

女性からの「恐怖の言葉」翻訳辞典

たとえば「あなたに一生つきまとってやるわ」とか「結婚するの？　しないの？　はっきりしてよ！」といった、言われただけで背筋がぞっとしてしまうような言葉は、わかりやすい「恐怖の言葉」。しかしそこまで極端ではなくとも、「ねえ、あなた、お隣さんちのご夫婦は今度イタリアに旅行に行くんですって。いいわよねー」→「ウチも連れてけよ」という無言のプレッシャーを感じる「あーあ、なんか最近つまんないなあ」→「アンタのせいでね」と非難されているよう

（レストランがいっぱいで入れなかった）「予約しとけばよかったのにー」→「ほんとあなたってダメ人間ねー」

「夕食の後、ちょっと時間取れないかしら。お義母さんのことで話したいことがあるんだけど」→「今日こそは逃がさないわよ。きっちり私の言い分を聞いてもらうからね！」

などというように、まあ男性の被害妄想であることも多いでしょうが、男性からすると「こういうひと言を女性から言われると、なんかちょっと怖くなる」という言葉がたくさんあります。

おそらく女性からすると、何気なく発している言葉なのにもかかわらず、男性は得体の知れない、理屈では説明できない怖さを感じる、というものです。

しかし、女性がそのような言葉を発する心理やメカニズムを理解して、それにはこう返せばいいという方法がわかれば、もう何も恐れる必要はありません。……いや、ほんとはそれでも怖いんですけど、怖さの度合いやその後の行方はぐっと改善されます。

私たちは得体が知れないものほど怖さを感じますが、それと同じで、理解不足であるがゆえに「この言葉、なんか怖い……」と感じてしまうのです。

この章ではいろいろな「恐怖の言葉」の例を挙げて、その対処法を見ていきましょう。男性のみなさんには「もう怖くない！　これからは余裕を持って立ち向かっていける！」となるように。一方、女性のみなさんには「男性ってこんなひと言でそんなふうに怖さを感じてしまうものなのね」と理解を深めていただくのが目的です。

ねえ、ちょっと話があるんだけど……

いきなり言われたら怖いですよね、この言葉。結婚している人であれば、まず「離婚話か?」と身構えてしまいそうです。もしくは「子育てに無関心すぎるわ」などと最近の態度を責められそうな気がしたり、「また不毛な議論をさせられて、ギャーギャーわめかれるのかな。面倒くさいなあ」と、うんざりしてしまうでしょう。

そもそも男性の会話スタイルは議論型です。ビジネスはもちろん、サッカーの相手チームを倒すために作戦会議をしたり、日本の政治について語るなど、目標や作戦のために話し合うことは嫌いではありません。ところが、プライベートなことや人間関係的なことについて、いろいろ語り合うのは苦手であり怖いのです。理由は簡単で、男性はそういうことをしてきていないからです。

女性向けのマンガやドラマは、ストーリーがほとんど人間関係に関することですよね。ところが男性向けのものにはそれが非常に少ない。強い者が勝つとか、勝負のあとに友情が芽生えるといった、『ドラゴンボール』みたいな世界ばかりです。

男性は人間関係について語り合う経験が少ないのです。だからそういう話題を持ち出されると面倒だとか、怖いと思ってしまうし、「傷ついた」「悲しい」「怒っている」といった感情を、なかなか言葉で表現できない。「男だったら黙ってやれ」とか「メソメソするな」と言われて感情を抑圧されてきたので、女性に対して自分の感情を説明するのが非常に苦手で怖いものなのです。

女性からすると、この言葉は「きちんと話し合おうよ」といった意味に近いのではないかと思います。「私の意見はこうなんだけど、あなたの意見を聞かせて」といった意味で、そこを男性は理解することが重要です。「話があるんだけど」＝「いろいろ話したい」というのが正しい翻訳の仕方です。

「話があるんだけど」と言われたら、まずは穏やかに「どんなことかな？」と返すのが正解です。おそらくその次は「最近冷たくない？」などと言われるでしょう。その後は前章と同様に「どういうときにそう思うの？　オレとしてはこういうつもりだったんだけど、そういうふうに受け取ったのか」と続ける。それだけのことなのです。

ただ、そのときに気をつけないといけないのは、感情を語らないと女性は満足しにくいということです。ただ事実や論理だけを語っても、女性にとっては話し合ったことにはなりません。エモーションを語ってこそ「話し合う」ことになるのです。

女性型会話だと結論が出なくてもさほど大きな問題ではない。話し合うこと自体が私を大切にしてくれている証拠、真剣に考えてくれている証拠なのです。女性はプロセスを重視するという言い方もできます。結果志向、結論志向の男性と、プロセスを重視する女性との違いということかもしれません。

男性は、結論をパッと出してあげるのが、面倒な話し合いの手間を省くやさしさだと思っているところがありますが、女性の場合には結論よりも、一緒に話し

合ったかどうかということ自体が大切なのです。結論だけ出されると「私と話し合うことなんてどうでもいいのね」と悲しい気持ちになるのではないでしょうか。「誕生日プレゼント何がいい？」「別になんでもいいよ、おまえの好きなもの買ってくれよ」という会話が、女性には寂しく感じるのも、同じ理由です。女性が期待しているのは、「オレとしてはおしゃれなネクタイとかほしいんだけど」「いいわよ、どういうのがほしい？」「オレ、ポール・スミス好きなんだよね」と、二人で話し合うことなのです。

とはいえ、いちいち女性にお伺いを立てても情けない男になってしまうし、勝手に全部決めると寂しがられるし、そこが難しいところでもあります。何もかも話し合う必要はないのですが、二言三言、意見を交し合えるだけで女性の満足度は上がることを覚えておいたらいいのではないかと思います。結論が決まっていても、ひと手間かけて話し合うというプロセスを大事にすることで、二人の関係がより良いものになるでしょう。

翻訳すると…

「あなたの意見を聞かせてね」／「あなたといろいろ話したいの」

どうして黙ってるの⁉

前述のとおり、男性は自分の感情を語るのが苦手なので、感情を語らないといけない場面になると、いったん自分のなかに引きこもりがち。そのとき「どうして黙ってるの⁉」と言われると、心をこじあけられるようで、すごく怖かったり、面倒に感じたり、ムカッときてしまったり。たとえば、パソコンのソフトをアップデートすると「20、30、40……100％」と少しずつ処理が進んでいきますよね。それを30％ぐらいのところでいきなりリセットボタンを押されたような感じ、といえばわかりやすいでしょうか。一生懸命データをアップデートして、結論を出す方向に向かっている途中で思考を切られてしまって、また1からやり直させられるような気分になるのです。

男性が黙っているときは、何か隠しているというわけではなく、いったん引きこもりモードになっている場合であることが多いのです。ちょっと結論が出るまで待ってくれ、整理させてくれという気持ち。そうしたプロセスの途中で「どうして黙ってるの⁉」と責め口調で言われると、まさに回路がショートしてしまう感覚になります。

「最近電話の回数が減っているけどどういうこと？」と聞かれて「別に」で会話を終わらせてしまった男性に、女性がキレて「どうして黙ってるの⁉」というセリフを吐く。そのときの男性の心理は「なんて言っていいのかわからないんだよ」という感情と「オレの事情くらい察してくれよ。そんな面倒な話し合いなんかしたくないんだよ」といった感情が入り交じった状態でしょう。

女性は男性が気持ちを語ってくれること自体が、自分を大切にしてくれているというひとつの証明になるわけです。つまり、「黙っている」＝「関係を大切にしていない」ということ。男性同士なら、そっとしておいてあげることがやさしさになりますが、女性はそっとしておかれると突き放されたと感じる人が多いと思います。

「どうして黙ってるの」は、女性の「あなたの気持ちをいろいろ聞かせてほしいの」という思いから出る言葉でもあるのです。だから返答の仕方としては「いろいろ語りたいんだけど、今ちょっと整理がついてないから」「自分でもどう言っていいかわからないんだよ、ごめんな」「今ちょっとうまく言えないけど、気持ちの整理ができたら必ず言うから」などと言えばいいと思います。自分の心をこじあけさせまいと「うるさいな」「いいだろ別に」と振り払おうとすれば、火に油を注ぎます。

逆に、女性としては「気持ちを聞かせてくれたらうれしいな」とか「できる範囲でいいから○○君の意見を聞かせてくれないかな」といった言い方をすれば、男性の怒りを誘うことも少なくなると思います。「言いたくなかったら別にいいんだけど、聞かせてくれたらうれしいな」「言えるときになったら教えてね」といった形で言うのがいいでしょう。

「どうして黙っているの？」といった質問は、ビッグクエスチョンなので「僕は幼児期にトラウマがあって、フロイト流にいうと怒りを抑圧しやすいので……」などと的確に答えられる人はなかなかいませんよね。まず「なんで言ってくれないの?」という責め口調を「少しでも言ってくれたらうれしいな」とやさしい言い方に変えるだけで全然違うと思います。

「私たちのことどう考えているの？」というよりも「このまま続けていきたいっていう気持ちはある？」という、スモールクエスチョンのほうが男性の言葉を引き出せます。男性は自分の気持ちを語ることをとても恐れているものですが、女性に対しては、気持ちを語ったほうが、むしろ楽になれることが多いということを、実際に試して実感してみると良いのではと思います。

ただ、感情を正直に言った場合にも、ワナはあります。「どうして黙ってるの、怒らないから言ってみて」と言われて、正直に言うと「ひど〜い！」と言って怒ったりするんですよね。ですから女性に「私のことどう思ってるの、正直に言ってみて」なんて言われたら、身の安全を最優先にするのであれば、「大切な人だよ」ぐらいにとどめておきましょう。

翻訳すると…

「あなたはどう思うのか、ちゃんと聞かせて」

なんで相談してくれなかったの？

男性はこう言われると、済んだ事柄をどうして蒸し返したりするわけ？ という気持ちになります。ここに男女の正反対の心理が表れています。

女性は、「相談をもちかけてくれる＝私を大切に思ってくれている」という受け取り方をしますが、男性はまったく逆です。大切に思っている人には心配をかけたくないからこそ、あえて相談しないのです。これは、夫婦間でもよくあるパターンかもしれません。

たとえば、会社をリストラされたけれど、心配をかけたくないので、次の職が見つかるまで黙ってハローワークに通っていた夫に対して、奥さんが「どうして言ってくれなかったのよ。ひと言言ってくれればよかったじゃないの」となじるシーンをドラマでも見かけますよね。これはお互いの善意がかみ合ってないパターンなのです。

「なんで相談してくれなかったの？」と言われた場合、男性の本当の気持ちは「キミに心配かけたくないから」なのですが、それをストレートに言える人はほとんどいません。「だってこれはオレの問題だから」などとはねつけてしまう。そうすると女性から「私たち夫婦なんだから、ひと言相談してくれてもいいじゃない」という、責め口調の言葉が返ってきます。そこで男性もさらに反論して、「じゃあおまえに相談したら解決するのかよ」と憎まれ口をたたいてしまい、最後は女性が泣く……といったコースになってしまうのです。

この言葉に対する返答は簡単。「そうだな。ひと言おまえに相談すればよかったな」。それで終わりです。その後に「オレとしては心配かけたくないと思って相談しなかったんだけど、これからはきちんと相談するよ」とつけ加えれば完璧です。

たとえば、転職したことを恋人に話していなくて、「なんでひと言言ってくれなかったの?」と言われると、男性は「いや別にオレのことだから」とか「急に決まったんだよ」などと言ってしまいがち。しかし、これでは女性は納得しません。ここでは「ごめんな、報告が遅れて」とひとまず謝ることが大事なのです。

女性から男性への言い方としては「ひと言言ってくれればよかったのに」は、口調や表情によっては責めているように聞こえるので△です。特に「ひと言言ってくれればよかったのにー」の「にー」が強くなると、責めている感じが強くなってしまいます。逆に明るく笑顔で言うと、かわいらしさやいじらしさが表現できて、好印象になることさえあります。

「今度からひと言でも言ってくれたらうれしいな」とか「私に相談してもしょうがないかもしれないけど、やっぱり相談してくれたらうれしいな」と言えたら◎。さらにできる女性をめざしたければ「○○君は親切でそうしてくれたのだと思うんだけど……」というひと言を加えるとなお良いでしょう。「私に心配かけたくないと思って自分で決めたっていうのはすごくよくわかるんだけど、私はあなたの彼女なんだから、ひと言相談してくれたらうれしいな」と言われれば、男性は悪い気はしないはず。よし、次はちゃんと報告しようという気になります。

ちなみにコミュニケーションの大原則なのですが、こちらが攻撃的なニュアンスで言うと、相手からも攻撃モードで返ってきます。反対に、ポジティブなニュアンスで言うと、相手からもポジティブな口調が返ってきます。
親しい間柄では、つい責め口調になってしまって、お互い攻撃のボールをぶつけ合ってしまいがちです。寂しい気持ちをそのまま出せばいいところを、傷つくまいとして怒りの感情をぶつけ合ってしまうんですね。やさしい言葉を引き出したければ、自分がやさしく尋ねるようにすればいいのです。

翻訳すると…

「ひと言でも言ってくれてたらうれしかったな」

誰がいたの？

このセリフを言われた時点で男性は即、「浮気を疑われてるな」と思います。

この言葉、男性はとても怖いのです。「へー、飲み会だったんだ。で、誰がいたの？」と聞かれた時点で、頭のなかで計算が始まります。「ええと、言っていいのはあいつとあいつの名前で、こいつは隠しておかないと大変なことになる……」というように。

正直に言うと、女性は怒ることがあるんですね。「別に私、気にしないよ」と言っておきながら、いざ女性の名前が出てくると、「へ～」と、とたんに恐ろしい目つきになったりします。

難しいのは、**本当に誰がいたのか詮索している場合もあるし、「今日何してた**

の？」の延長でまったく意味なく聞いている場合もあるということです。「誰といたの？　あぁ、〇〇ちゃん。元気だった？」のように、ただの情報交換という可能性もあるのですが、男性はそういう会話はあまりしないので、この言葉を言われると、詮索されているような気がしてくるのです。

これを聞かれたときの返答は難しいものです。正解はひとつではないのです。正直に答えるのがいい場合もあるし、隠しておいたほうがいい場合もあります。聞いてくる女性の性格にもよりますね。

会社の飲み会で女性が一人いたくらいでキーッとなる女性は「新しい子が入ってさ、その子の歓迎会でね」と話すと、「かわいいの？　その子」などと聞いてきます。それで「かわいいよ」と言うと、「へー、楽しかったんだー」と、とたんに不機嫌になってしまいます。

だとしたら、「会社の営業部のやつみんなとね」ぐらいで済ませておくほうがいいかもしれません。「女性もいたんじゃないの？」と言われたら、「そりゃいるよ」と明るく返しておく。そこで黙ってしまうと、「どうして黙ってるの？」が始まります。ひたすら明るく押し通してしまうのがベストですね。

愛情の裏返しだとはわかっていても、男性としては、無実の罪で裁かれるキリストのような気持ちになります。「神様、僕は何もしていません。ただ、飲み会で女性という生き物がそこに存在していただけなんです。僕はそんなにひどいことをしてしまったんでしょうか……」と、天を仰ぎたくなります。

やっかいなのは「今日、女性も来る飲み会に行ってくる」と事前に申告するのもおかしいし、申告しても不機嫌になってしまう可能性があること。ああ、男性は一体どうしたらいいんでしょう。

繰り返しになりますが、これには正解はないのです。正直に言って、不機嫌になられるのをとるか、隠して罪悪感を抱えて、それがバレたときは一生うそつきのレッテルをはられるリスクを負うか、神にゆだねるしかないかもしれません。

女性のみなさんにとっては「誰がいたの？」と聞くのはいいですが、「女性がいた＝浮気したんじゃないか」という妄想をすぐに抱かないようにすることが大事でしょう。

そういえば、私の知人の男性が「ねえ、聞いてくださいよ。今度新しくつきあった彼女って、僕が『今日は会社の飲み会があるんだ』って言うと、『楽しんできてね』って気持ちよく言ってくれるんですよ」と、まるで救世主を見つけたかのような感激の笑顔で話してくれたことをよく覚えています。そう、彼の昔の彼女は、彼が飲み会に行くと言っただけで、不機嫌になるような人だったのです。

翻訳すると…

特に意味のない社交辞令的会話 or 「怪しい……誰といたのかしら？」

もっとこうしたほうがいいんじゃないの？

男性は、人にはああしたほうがいい、こうすべきだなどと言うくせに、自分が言われるのはすごくいやがります。それにはいろいろ理由があって、まずひとつは、男たるもの、すべて自分で決めなければならないといった、男の美学にこだわる面があるから。他人の助けを借りるのをとてもいやがり、無理して自分でやろうとして失敗することもけっこうあるのです。

たとえば、たまにパスタをつくっているときに「あなた、もっと塩入れたほうがいいんじゃないの」なんて言われると、「うるさいな、オレにはオレのやり方があるんだよ」とか「後で入れるからいいんだ」とキレる。決して素直に「そうだな」とは言えないのですね。

そういう面では、女性は「力貸して」とか「手伝ってもらっちゃおうかな」と頼るのがとても上手です。男性も他人のアドバイスや助けを借りればいいのに、一人で抱えこみすぎてしまって、その結果大きなミスを犯すとか、精神的に病んでしまうなどということがあるのです。全部自分で解決しなきゃいけないという意識が強くて、いっぱいいっぱいになってしまうパターンが非常に多い。独力で何かをなしとげるのがいい場合もありますが、遠回りになったり逆効果になったりすることもあるのです。

もうひとつ、男性のプライドの問題もあります。「アドバイスをされる＝情けないオレ」と思ってしまうのです。「もうちょっと塩入れたらいいんじゃないの？」＝「塩加減ですら満足にできないの？」とバカにされているような気がしてしまう。

面白いのは、男性は相手が専門家やその道のプロなど、自分より間違いなく上と認識した人が言うことはすごく素直に聞くのです。ところが年齢や役職などで、自分より下とみなしている相手の言うことは素直に聞き入れられないのです。妻より夫のほうが偉いとか、家庭のなかで父親がいちばんだとか思っている男性は、奥さんや子どもの言うことが聞けない傾向が強い。女性は、相手が専門家であろうがなかろうが、面白い話や役に立つ話であれば聞きますし、つまらなければ聞かないものです。

「もっとこうしたほうが」と言われるのは、男性にとって、怖いというよりはムカッとくる言葉なのかもしれません。男性はまず初めに手順を決めてしまうので、一度自分でこうと決めた後に横からそれを崩されるようなことを言われると、ムカッとくるのと同時に、築いたものが全部崩されてしまうような感覚になるのです。失敗するかもしれないけど、まずオレが考えたとおりにやらせてくれよというのが男性型思考です。

女性は、プロセスを楽しみながらうまいやり方を見つけていく柔軟性があるので、こういう言葉は素直に「あらそうね」と聞き入れられます。

男性は「もうちょっと、きゅうりは厚めに切ったほうがいいんじゃない？」などという、ささいなことでもムカッと反応してしまう。ましてやそれが、仕事や趣味の話など「オレの領域」と思っていることなら、さらに反応は激しくなります。

奥さんまたは彼女から「もっとゆっくり仕事してもいいんじゃないの」と言われると、確かにそうだな、と内心では思っていても、まず理屈をこねるか「おまえに何がわかるんだ」的な反論をしてしまうのです。

女性からすると「単に善意で言っているのに、なんでそんなに反撃してくるわけ？ どうして素直に私のアドバイスが聞けないの？」と思ってしまうでしょう。**男性のみなさんは自分がこういう言葉に対して過剰反応している**ことを自覚したほうがいいと思います。

まずは「そうかなあ」と受けとめること。さらに「ああ、そうしてみるよ」と言えたら器が大きい男です。それが難しければ、「まずはオレのやり方でやってみてもいいかな？」という疑問系で返すといいでしょう。

「オレのやり方でやらせろ」ではなく、「ひとまずはオレのやり方でやらせてくれないかな」という言い方です。「こうしたほうがいいよ」と言われると、そのとおりにしないといけないと思ってしまうから、反発してしまうのかもしれません。

「キミの意見はそうなんだね。ひとつの参考材料にするね」と思っていれば軽く受け流せるのではないかと思います。

翻訳すると…

「こういうやり方がおすすめだよ」

最近○○してないよね

「最近外食してないよね」「最近どこにも行ってないよね」「最近好きだって言ってくれないよね」「最近旅行に行ってないよね」などなど……。

まず、男性からすると「最近○○してないように感じるんですが、データはどうなっていますか？」と聞かれていると感じます。「最近外食してないよね」と言われた瞬間に「外食、○年○月以降」で脳内検索が始まります。そして「ファミレス行っただろ、次は恵比寿のイタリアン行っただろ、え？　ほら覚えてないの？」と事実確認をして終わってしまいます。

あるいは、女性から責められるのではないかといった、いやな予感もする言葉です。「あー、また外食に連れて行けだの、そこから話が飛んでもっと家庭を大切にして！　とか、またいろいろ始まるんだろうな。面倒だな」といった気持ち。

そうすると、「あー、わかったわかった。行けばいいんだろ、じゃあ昼飯ジョナサンな」とか「今夜焼肉行くからいいだろそれで」などといった答え方になってしまいます。女性は明らかにそれでは不服なわけです。

「最近○○してないよね」というのは**「行けたらうれしいな」とか、「一緒に行きましょう」という、つまりはお誘い**ですよね。翻訳すると「外食に行かない？」「旅行に行きたいわ」という自己主張なわけです。

だから「そうだな、じゃあ来週の日曜、久しぶりにフレンチでも食べに行くか」のような答えが、女性の求める正解です。それによって「この人、なんて女心がわかるのかしら」と評価がアップします。

もし行きたくなくても**「そうだな、最近行ってないな」とまず受けとめてあげるだけで相手のストレス数値はかなり下がります。**「ちょっと今月苦しいから、来月給料が入ったら行こうか」でいいのです。「行ってなくて寂しいわ」とか「行けたらうれしいな」という女性の気持ちを、まずは受けとめることが大切です。

「ゆっくり温泉でも行きたいわね」と言われたら、「そうだな、行きたいな」とひと言返す。女性同士では「行きたい行きたい！」と盛り上がりはしても、具体的な計画は立てません、みたいなことはよくあります。

男性は良くも悪くも、こういう話が出たら、ちゃんと結果を出さなければいけないと思い、これからプラン練ってＪＴＢに申し込みに行って……などと律儀に考えるので、面倒くさいなとか、時間がないという結論になるのです。

女性のほうも、この言い方はあまり効果的ではないことを認識しておきましょう。「外食行けたらうれしいわ」「今すぐじゃなくてもいいんだけど、旅行とか行けたらうれしいわ」「ちょっと温泉とか久しぶりに行ってみたいんだけど、行けるかな」など、もう少しストレートに言ったほうが男性には伝わりやすいし、おそらく達成率は高いと思います。

「最近好きって言ってくれないよね」も、あまり言わないほうがいいかもしれません。「オレはそういうことは、ちゃんと考えているからこそ軽々しく言わないようにしてるんだ」などとオレ論が始まります。「女ってすぐ『好き』って言葉にだまされるんだよな。欧米の男はアイラブユーとかすぐ言うけど離婚率は日本より断然高いんだぞ。知ってるか？」とか。

「好きって言ってくれたらすごくうれしいな」とまずはお願いしてみて、もし面倒なオレ論が始まってしまったら、「〇〇君ってすごく大人なんだね」ぐらいで適当に流しておけばいいでしょう。

翻訳すると…

「一緒に〇〇しましょう」

ちゃんと考えてくれてるの？

「ちゃんと家族のこと考えてくれてるの？」「私のこと考えてくれてるの？」「今度の旅行のこと考えてくれてるの？」。これはさまざまな場面で使われる、応用範囲が広い言葉かもしれません。

この言葉に対しても、男性は「うん、考えてるよ」とそのまま返答して終わってしまうか、もしくは「もう、うるさいな、しつこいんだよ」と返してしまうかのどちらかでしょう。

前者はそのまま文字どおりに受け取っているだけ。この言葉の裏にある気持ちに答えるのではなく、疑問文に対してただ答えを言って終わっているのです。「〇〇ですか？」「はい、〇〇です」といった、日本語会話講座の疑問文と答えのスキットみたいな感じですね。

後者はこの言葉の裏に「もっと考えてよ。あなた、考えてないでしょ。ひどい人ね」という非難を感じ取るから、「うるさいな」「ちゃんと考えてるよ！」と、攻撃し返してしまうケース。私が男性だから肩を持つわけではありませんが、男性だって心のなかではいろいろ考えているものです。ただ、それを口に出さないから誤解を生んでしまうのです。

また、男性は結論が出てから口を開くものですが、女性は話しながら結論を出すスタイルです。

たとえば、男性が頭でいろいろ考えた末、結婚式は教会で挙げることにしようと決めたとする。そして、決めた時点で初めて「オレ、考えたんだけど、結婚式はやっぱり教会にしようよ」と口に出すのです。

これでは、結果を出すまでのプロセスが全然見えないので、女性からすると「ちゃんと考えていない」「適当に言ってるんじゃないか」→「なおざりにしてる」→「私のことなんかどうでもいいんだわ」と捉えてしまうのです。

女性が理解しておいたほうがいいのは、**男性はそもそも、考えていてもあまり**

口にしない生き物なのだということです。あなたの求めるようなレベルで、考えを口に出してくれる男性はなかなかいないと思ったほうがいいかもしれません。そして結論が出るまでなかなか口を開かないので、待つという姿勢も大切です。こんな男性型の思考パターンをわかっておくといろいろ対処がしやすいと思います。

そして、男性が理解するべきことは、**口に出さなければ女性は満足しない**ということ。**別に結論が出ていなくても「考えているんだよ」とひと言言うだけで女性の溜飲《りゅういん》は下がることを覚えておくといいでしょう。**

女性から聞かれる前に自分から「結婚式のこと、正直、教会にするか神社にするか迷ってるんだ。今は少し教会のほうに傾いているんだけど」と、途中経過を言うだけで、ちゃんと考えてくれているんだと女性は満足します。

家族や夫婦の場合も「タカシの塾どうする？」「今、考えているんだけど、なかなか結論が出ないんだよ。行かせたほうがいいような気もするし、うーん、でも自由にのびのびとさせてやりたいしなあ……」なんて言うだけで、この人は家族のことをちゃんと考えてくれているんだ、大切にしてくれているんだ、という安心感につながるのです。

そこまで労力をかけられないのであれば「そうだな、ちゃんと考えないといけないな」。このひと言でOKです。「もうちょっと待ってくれる？　オレなりに考えたいから」とひと言加えてもいいですね。

「あー、考えとく考えとくよ。それよりもさあ……」と、適当に切り上げようとするのはよくありません。「勘弁してくれよ」も男性は言いがちですがNG。

仕事から帰ってきて、塾のことなんて言われても、疲れてるんだから勘弁してくれよ、というお父さんの気持ちもとてもよくわかります。しかし、これを素直に表現すると、家庭をないがしろにしていると非難されて離婚の危機に発展してしまいますので、「そうだな、ちゃんと考えておかないといけないな。じゃあ明日昼休みに考えてみるよ」と言っておけば丸く収まります。

なにも、忙しくて大変なときに、なんでもかんでも話し合えというわけではなく、ただ女性の気持ちを受けとめることを知っておけば、もめごとにもならず、かえって小さな労力で済むのです。

翻訳すると…

「考えてくれているかどうか、ちょっと不安なの」

この間だって

たとえば金曜の夜のデートで、流行のレストランに行こうとしたら、予約していなかったので入れなかったとき。女性が思わず「もう、予約ぐらいしといてよ。この間だって予約してなくて入れなかったじゃん！」と言ってしまうケースですね。男性からすると、過去の過ちをほじくり返して、ねちねち責められるというのが、潔《いさぎよ》くなく思えるのです。「今さら過去のことを言ったって始まらないだろ」という思いもあるでしょう。

女性は、瞬間ごとにいろいろなことを思いつきます。左脳と右脳の切り替えが得意で、両方同時に使うのが男性より得意だという研究結果もあります。さきほどの例でいえば、予約していなくて店に入れなかったという出来事に直面すると、瞬間的に過去の同様の出来事が、ビデオ映像のように浮かんでくる。ほら、あのときだって、あのときだって……と。**女性からしてみると、別に過去を蒸し返して責めてやろうというよりは、ただ浮かんだことを口にした、という感覚な**のではと思います。

女性は、思ったことを口に出す傾向が強いのです。以前、車のセールスマンに話を聞いたら「ウジウジしてはっきりクレームを言えないのは男性です。女性はズバズバ言いますね。目の前のクレームだけではなく、過去に私がした失敗やらなにやらを全部ひっくるめてクレームしてきますからね」と言っていました。

ところが男性からすると、「今さらそんなこと言われたってしょうがないだろ」という気持ちが強いので、攻撃し返すことで、自分の身を守ろうとしてしまうのです。

こんなときの対処法としては「確かにそうだな。そういうこともあったな」とひたすら上から降ってくる過去の過ちを受けるのが賢明です。滝に打たれる修行僧の感覚でしょうか。おのれの過ちを身に受けつつもすべて流すのです。流しておけば自然に収束が早くなります。

逆に、滝に逆らって水を持ち上げようとすると余計に水をかぶります。だから言いたいだけ言わせるというのもありますよね。相手はただ頭に浮かんだことをポンポン言うわけですから、「まあ確かにそういうこともあったけどさ」「そうだな」「まあ確かに」「うんうん、そうだな」「なるほどな」と言っておくのがいいかと思います。

言われっぱなしで悔しい気持ちもあると思いますが、反論したら負けです。余計な地雷を踏んでしまう可能性があります。反論すると「この間だって結局私がやることになったよね」「掃除するするって言ったけど、それだって結局やらないじゃない」と、どんどん話がエスカレートする危険性があります。

できる男性だったら「そうだな。約束やぶっちゃったな」などと素直に謝れるのかもしれませんが、そんなこと言ってたまるかという気持ちも男性にはあると思うので、「まあ確かにあのときはそうだったな」くらい言えれば上出来でしょう。

少しおちゃらけて、「過去のことは水に流してくれよー」とわざと弱いキャラになるのもひとつの手かもしれません。「あのときのことは許してくれよ」と笑って言ってしまえば、まあ、女性の溜飲も少しは下がるのではないかと思います。

それでもやはりこの場合の正解は「そうだな、なるほどな。予約は大事だよな」「うんうん、そうだよな。今度から予約しておくよ」だと思います。

世界中からの理不尽な非難をあびつつも、あえてそれを大きな器で受け流すオレ。そんなイメージを持ってみてはいかがでしょうか。空は青いな、大きいな、それに比べて人間なんてちっぽけだよな、地球ができてから46億年かあ……、こんなふうに精神性を上げてしまえば、「うんうん、そうだね、なるほどな」と素直に言えるでしょう。精神レベルにまで話が進展するなんて、男女の会話というものは奥深いものですね。

翻訳すると…

「次回からはこうしてくれるとうれしいな」

してあげようか／してあげるよ

この言葉は男性にとって、母親を連想させます。「掃除してあげようか」と言われると「ほらほらだらしのない子ね。お母さんが掃除してあげるから」と、子ども扱いされている気分になるのです。

それから、恩着せがましいニュアンスも感じます。男性としては、困っているときは黙って手を差し伸べるといった美学があるので、女性同士のように「してあげよっか」「うん、してして！」という感じで、気軽に他人にヘルプを申し出て、それを素直に受け取るといった行為がなかなかできません。男性同士で、「してあげるよ」というと、それは上下関係になってしまって面白くないのです。相手が上司や目上ならよいのですが、対等の関係でこれを言ってしまうと

「おまえはオレより下なんだから手助けしてやるよ。その代わり、これからは自分が下だってこと了解しておけよ」という、力関係の押し付けにつながってしまいます。よほどのことがない限り、男性は友だち同士で「してあげる」という言い方はしません。

この言葉に対して「そうか、じゃあお願いするよ」と、すんなり言うことができる人はとても「レベルが高いと思います。逆に、「子ども扱いするな」とか「恩着せがましい」なんていちいち怒ると子どもっぽく見えるでしょう。素直に「ありがとう」と言える人は、器が大きい。頼むつもりがなくても「そうかありがとう。でもオレが自分でやるよ」と余裕で言えばいいわけです。

「一人暮らしなの？　栄養とか偏っているんじゃない？　今度料理つくってあげようか」と言われて、なんだこいつ、何勘違いしているんだ？　と思うときもあるでしょう。でもそういうときも「そっか。頼んじゃおうかな」と軽く流す。拒否するのであれば、「ありがとう。でも自分でできるようにしたいから、またいつか頼むよ」といった具合に好感度高くやんわりと断りたいものです。

「手伝ってあげよっか」も女性はよく言いますね。これもやはり「ありがとう。

でも自分でやりたいからいいよ」と言って余裕を見せるのがコツです。

女性へのアドバイスとしては、男性にこういうセリフを言うと、せっかくの善意が悪く受け取られる可能性が高いので「あげる」「あげようか」系は言わないほうがいいということです。「掃除しよっか」「手伝おうか」もしくは「私がやっておくよ」と、事実だけをシンプルに言う。男性はこういう言い方のほうがむしろ恩義を感じます。彼がプライドが高いタイプであれば「私が掃除しちゃってもいい？」という言い方にしてみましょう。ここまでやると、なんでそこまで下手《したて》に出なきゃいけないの？ と思うでしょうが、これがいちばん安全圏です。

「手伝ってあげようか」→「手伝おうか」→「手伝ってもいい？」と、三段活用的な感じで覚えておくといいでしょう。

翻訳すると…

女性の善意の表れなので、深く考えないようにしましょう

そんな言い方しなくても いいじゃん

これはアメリカ人と会話をしていて「そんなに英語ばっかりしゃべらなくてもいいじゃん」と思うのと同じ感覚です。話している言語がそもそも違うので、どうしようもないことなのです。

男性としては「そんな言い方しなくてもいいじゃん」と言われると、女の子にはもっとやさしく言わなきゃいけないとか、紳士的に言わないといけないなとか、どこかで罪悪感を覚えます。反論したい気持ちと、罪悪感が混ざり合って、複雑な気持ちになってしまうのです。

そして、なんと言っていいかわからなくなり「しょうがないだろ！」「こういう言い方になってしまうのも、おまえのせいなんだぞ」となってしまうのです。「こうすべきだ、ああすべきだ」とか「おまえのここが悪い」といった議論型の会話で、面と向かって相手と戦うことは、女性同士ではほとんどありません。

でも、男同士は「なにをこの野郎！」「なんだって、貴様！」なんていう調子でやり合うのです。男性のストレートな攻撃性に、女性はとても傷つくと思います。男同士だったらダメージ100くらいのところを、女性だったら1000とか1万ぐらいに受け取ってしまいかねません。言われた内容そのものに加え、言い方に反応してしまうのです。

男性が気をつけるべき点は、女性はストレートな攻撃性に慣れていないことを理解して、言い方をちょっとやわらかくすること。そうしないと、内容そのものではなく「その言い方が私を傷つけた」といった話になって、議論のテーマがずれてしまいます。

女性は「その言い方、もうちょっとやわらかくしてくれないかな」とか「私にはちょっときつく聞こえるから、違う言い方してもらっていい？」と伝えたほうがいいのです。そうすれば男性の攻撃性も低くなり、もう少しやわらかいセリフが出てくるはずです。

男性がストレートな物言いをするのは、親しい相手だから、という理由もあります。男同士でも、親友だとストレートに、「おまえがおかしいよ」「いやおかしくない」「いや、おまえは変わってしまった」などという会話をします。「オレにそういう言い方をしてくれるのはおまえだけだよ」という男の友情の美学も背景にあります。

出世して人が変わってしまった同期の男に島耕作が「おまえのやり方はおかしい！」なんて言うと、「何を！　島、貴様～」と、バーで殴り合いを始めたりする。その後「学生時代はこうやってやり合ったな。じゃあ、あの頃を思い出して一杯やるか」「そうだな、オレも変わったかもな。おまえだけだよ、そんなふうに言ってくれるのは」と二人で乾杯する……という感じですかね。

女性同士だったら、こんな場面は想像できませんよね。だから男性の言い方に納得しなさいというわけではなくて、こういった男の心理を少しわかっておくと対処しやすいのではないかと思うのです。

かえって怖いのは、男性が敬語を使ったり、とても気を遣った言葉遣いになったとき。ほんとうに相手のことを本気で考えているときは「おまえ、おかしいぞ」と言いますが、もうこいつとはダメだな、そのうち別れるなと思うと「ま、別にいいんだけどね」とか「ま、いいんじゃない。キミの好きなようにすれば」「はいはい、わかりました」なんて言い方になります。

女性はもしかしたらこんな言い方にやさしさを感じるかもしれませんが、男性のなかではもうその時点で「終わっている」というケースが多いのです。きつい言い方をしてくれるうちが花かもしれませんね。

男性も少し言い方を和らげる、女性も男性の心理を少し理解する。お互いが少しずつ歩み寄れば、二人の関係もよりスムーズになるものです。

翻訳すると…

「あまりストレートに言われると傷ついちゃうから、少しやわらかい言い方をしてね」

どうしたの、何があったの？

これは男性が落ち込んでいるときに、女性がかけてしまいがちな言葉です。これを言われると男性の心理としては「言いたいけど言えない」「どう言っていいかわからない」「彼女にだけはダメなオレを見せたくない」「こんなこと言って、男らしくないとか非難されたり笑われたりしないだろうか」という恐怖心が生まれます。これまで書いてきたとおり、男性は自分の感情を語り慣れていないからです。

女性の場合は「私、すごく落ち込んじゃってるんだ」と自分から言うことができます。でも男性の感覚では、人に言えるぐらいなら、まだたいして深刻ではないということなのです。「弱い部分を見せてはいけない」「もろい感情を見せてはいけない」としつけられてきた男性が「どうしたの？」と聞かれて発する言葉。

それは「別に……」です。

「別に」の後には「言いたいけど言えないよな。まあたいしたことじゃないし」。または「別に、キミに言っても解決するわけじゃないしな。ほっといてくれたほうがいいな」など、いろいろな気持ちが隠されています。

女性は、相手が落ち込んだり、悩んだりしているときこそ、恋人、妻の出番と思っているところがあるので、言ってくれないと余計心配になるのです。

心配だからこそ「どうしたの？　何かあったの？」と善意で聞いてしまうのですね。それで「別に」と言われると、「絶対何かあったでしょ！」と深追いしてしまう。男性は自分の気持ちをこじあけられそうになるのが怖くて「だから別になんでもないって言ってるだろ！」と、余計態度を硬化させてしまうのです。

そして女性は「どうして私に言ってくれないんだろう」「私には言えないことなんだ」と相手から距離を置かれた寂しさを感じて「なんで言ってくれないの⁉」という責め口調になってしまいます。これは完全に男女の性質の違いです。悩んだときに言葉で語る女性と、黙る男性の違いです。

女性が気をつけたいのは、あまり心配そうに聞くと、かえって男性が言いにくくなる場合があるということ。

むしろ軽く明るい感じで「なんかあったの？」と気軽に聞いてくれたほうが、「実はさ……」と言いやすくなります。

おそらく、女性からすると本当に心配そうに聞いてくれるほうが愛情を感じると思うのですが、男性はうれしい反面、「それほど心配されちゃってるオレ」に落ち込んでしまい、さらに言えなくなってしまいます。「なんかあったの？」と明るくカジュアルに質問するのがコツです。

答えを聞きたくてねばるにしても2、3回が限度です。強要してはいけません。まず軽く「元気ないみたいだけどどうしたの？　なんかあったの？」と聞いて「別に」と言われたら「ちょっと元気ないように見えるよ」と、もう1回ぐらいは聞いてもOK。

そこで「そうかな、別になんでもないよ」と言われたら、それ以上問い詰めることはせず「だったらいいんだけど、もしなんかあったらいつでも言ってね」「今無理に言わなくてもいいから、話せる準備ができたら教えてね」と逃がしてあげたほうが、男性は気が楽になって、打ち明けやすくなると思います。

男性は、この言葉は女性なりのやさしさだということを覚えておいてください。心をこじあけようとか、気持ちを白状させようとしてるわけじゃないということを理解したうえで「今ちょっとまだうまく話せないんだけど、心配してくれてありがとう」「整理がついたらちゃんと話すから」と言えばいいのです。「うまく言えるかわからないけど、聞いてもらってもいいかな」なんて男性から言われると、女性はとてもうれしいものです。最後に「聞いてくれてありがとう。ちょっと元気出たよ」なんて言えたら完璧ですね。

ちなみに、ダメなオレを見せたくない男性たちが、普段は見せられない自分をさらけ出すのが、夜の銀座。あそこは男性が弱さをさらけ出すことができる治外法権のような場所です。傷ついたプライドを「○○さんすごーい」と言ってもらうことで回復する。「ねえママ聞いてよ」とグチったり「よしよし」となぐさめてもらったりして元気が出るわけですね。カウンセリングルームとか保健室みたいなものでしょうか。

恋人や妻には自分の落ち込んだ姿を見せまいとするのは、男性のやさしさでもあるのです。女性は、男性が落ち込んだ様子であっても放っておくのもひとつの手ですが、それも難しい。それならば、聞き方に気をつけましょう。
男性も本当はしゃべりたいんですよね。そのきっかけを待っているところもあります。語りたいけど語れないという男性の複雑な心理を理解してあげるといいでしょう。

翻訳すると…

「もし何かあったら、いつでも言ってね」

Part4

女性をあっという間に敵に回す「地雷」の言葉集

何気ないそのひと言で、取り返しがつかなくなるかも……

男性は、良くも悪くもストレートな生き物です。自分が言いたいことを、言いたいように言う。それは良いことでもあるのですが、何も考えず、ある意味能天気に言葉を紡《つむ》いでしまって、あっという間に女性を敵に回してしまう人が多いのも事実。

しかも、それに気づかない。合コンの様子なんかを見ていても「今のそのひと言で女性陣全員を敵に回したぞ」と明らかにわかるのに、本人は能天気にらんらんと目を輝かせて話を続けていたりするのです。

たとえば化粧品会社や女性誌の編集部など、女性が多い職場で働いている男性は、サバイバルがかかっているだけに、そのあたりに非常に敏感です。NGワードひとつでどれほど痛い目にあうかということを、身をもって学んできているからです。

しかし多くの男性は、そうした機会がないので、NG発言でマイナス得点を稼いでしまっていることに気がつきません。合コンで女性陣から総スカンを食らっても、それがささいなひと言のせいだとは気づかずに、「オレ、収入低いからモテないのかなあ」などと、的外れなことを考えたりするんですね。

女性が会話を大事にするのに対して、男性は行動を重視するので、言葉には鈍感な人が多いのかなと思います。

女性の心をつかむのが上手な人は、言葉ひとつひとつに敏感です。そういう人はコミュニケーション上手でもあって、女性ばかりでなく男性の心もつかめたり、営業テクニックなどにも長《た》けている人が多い。

会話で女性の心がつかめるということは、それだけコミュニケーションスキルのレベルが高いということなのです。

この章は女性たちが教えてくれたものや、私が実際に耳にした男性のＮＧワードをたくさん集めた「ＮＧリスト」です。会話に含まれたウイルスを検出して警告する、アンチウイルスソフトだと思ってください。ここで挙げる例を反面教師とすることで、コミュニケーションのレベルを上げていただければと思います。

女のくせに／女にしては

今どき、こういうことを露骨に言う人はあまりいないと思います。でも、少なからぬ男性の心のなかには、どこかにそういう意識があることも事実。女性が会議ではっきり自己主張したりすると、内心「女のくせに」と反感を抱いたり、「キミ、女性なのに自己主張するねえ」なんて、イヤミっぽく言ってしまったりする。あるいは、悪びれず単なる事実のつもりで「女はおしゃべりだからなあ」などと言ってしまう。

「女性は感性が豊かだなあ」のように、**たとえほめ言葉であっても「女は」というくくり方をされるのは、女性にとってはあまりうれしいことではないはずです。**それなら「女性は」ではなく「○○さんは感性が豊かですごくいいね」と、個人をほめる形にしたほうが心に響くと思います。

程度の差はあれ、「女性は男性より一段下」という意識がどこかにある男性は多いのです。その意識が、説教ぐせなどに形を変えて出てきてしまう。

あるいは「ほんとに女はブランドものに目がないからな」「女ってよくくだらないことでしゃべり続けられるよな」といったシニカルぐせや、「女はいいよな、気楽で。オレたち男なんてさ……」式のイヤミぐせ。

これらは全部、女性を一段下に見ているところから出てきているものです。男性から言われたら気にならないことでも、女性から言われると怒ったり反論したりするということは、女性に対する偏見や差別意識があるということです。

合コンなどで、初対面の女性をいきなり「ちゃん付け」で呼んだりするのも、女性を低く見ていることの表れ。恋愛対象、自立していない庇護の対象としてしか見ていないということです。男性誌でも「女のコ」という言葉をよく目にしますが、これも同様。私からすれば「女のコの心をつかむテクニック」なんていう見出しの時点で、こりゃモテないなと思います。

今どき、女性を一人の自立した人間として見ていない男は、女性から愛想を尽

かされるでしょう。大切なのは、まず自分のなかのそうした意識に気づくこと。女性が一段下という意識があるからといって、あなたが性差別主義者だとか、人間性に問題があるというわけではありません。男性はそのようにしつけられやすいのです。

たとえば少年マンガも、必ずヒーローがか弱き女の子を守ってあげる、という構図ですよね。『タッチ』だって、いくら南ちゃんが活躍したところで、ヒーローの影の存在でしかない。小さい頃から「女性は男性に守られるべきもの」という意識を、少しずつ刷り込まれてきているのです。

今は小学生ぐらいから、教育面でも男女平等の取り組みを進めていますが、完全に意識が平等になるまでは相当に時間がかかるのではないかと思います。だから男性は、自分では意識していなくても、どこかにそういう感覚があるかもしれないということを認識して、それを出さないように気をつけることが大事なのです。

もし出してしまった場合は「女ってほんとうにおしゃべりだよな。（あっ、しまった!）……でもオレたち男ってなかなか会話が続かないから、すごくうらやましいと思うよ」など、無理やりでもいいのでフォローしておいたほうがいいかもしれません。完全に言いすぎてしまった場合は素直に謝ること。今どきは、ビジネスでも大問題になりかねない敏感なテーマであるだけに、十分に気をつけておいたほうがいいでしょう。

オレさあ／オレが／オレ、オレ

新手のオレオレ詐欺かと思いますよね。なにかというと「オレさー」と、オレが主語の話ばかりする人。自分では気づいていないかもしれませんが、こういう男性はかなりたくさんいます。

男性はまず、会話における「聞く」「話す」のバランスがどうなっているかを、チェックしてみてください。主語がオレばかりになっているということは、まず間違いなく「聞く量＜話す量」に極端にバランスが傾いているはずです。

女性はそれでも、話を聞いてくれます。でも実は裏ではすごく評判が悪いのです。「気持ちいいのはおまえだけ」という感じです。それなのに、特にお酒が入ると「オレ論」が始まって、どんどん女性がしらけていくのにも気づかない。

女性「ねえ、ボサノバって良くない？」

男性「リズムが単調でつまんないよ。言葉だってよくわかんないのにみんなよく聴くよな。それより○○ってすげえかっこいいぜ。知ってる？　えー、知らねーの？　どこがかっこいいかっていうとさ……」

以下、無限「オレ論」。非常にありがちなパターンですね。

女性からは「二度とこの人と飲みに行きたくない」と思われるはずです。裏で「あの人話長くない？　自分の話ばっかりしてさ」「誘われても、もう絶対行かない」「行かないよねー」「今日もあの人またオレ話してたよ。また語っちゃってんの」と、バカにされるかっこうの標的になることでしょう。

そんな哀しい結末を迎えないためにも、「聞く」「話す」のバランスには気をつけましょう。「**オレ論よりもまずキミ話**」が標語ですね。本来は5対5とか、6対4程度にバランスがとれていれば問題ないのですが、男性はこれぐらい厳しく「まずはキミ話」と意識しておいて、やっと半々になるのではないでしょうか。

研修などで企業に行くと、上司世代の男性が部下の女性にまったく話をふらず、一人でずーっとしゃべっている場面をよく見かけます。女性は男性といると、なかなかしゃべらせてもらえないものなんですね。だからぜひしゃべらせてあげてください。モテる男性になりたければ、ちゃんと女性の話を聞ける人になればいいのです。

Ｐａｒｔ１で書いた「共感」以前の問題で、ちゃんと「聞く」「話す」のバランスがとれた会話ができる男性ですら、とても貴重なのです。

「聞く」に徹して、女性から「あの人、こっちの話聞いてるばっかりでつまんないよね」などと言われることはまずありません。話の聞ける、素敵な男性になってみてはいかがでしょうか。

オレってこんなにすごいんだぜ

手を替え、品を替え、出てくるのが男性の「オレってこんなにすごいんだぜ」話。

男性は女性を好きになると、その女性に「すごいオレ」をわかってもらおうとする傾向があるので、どうしてもこういう会話になりがち。そもそも、自分がいかにすごいかを語る以外に、女性との会話方法を知らない人さえいます。それで女性からは陰で「昨日の合コンでＢＭＷ乗ってるとか、5回ぐらい言ってる男いたよね。超うざくなかった？」「ＢＭＷくらいで自慢しないでほしいよね。だから何だって感じだよね」「そんなに『すごーい』って言ってほしけりゃ、キャバクラにでも行けっつーの」「イタイよねー」なんて言われてしまうのです。

また、この延長線で男性がやりがちなのが「なんだ、こんなのも知らないの?」というパターン(つまり「オレってこんなによく知ってるんだぜ」ということ)。「オーストラリアの首都って知ってる?」などといきなり聞いて、女の子が「シドニー?」なんて言おうものなら大喜び。「なんだ、そんなことも知らないの? キャンベラだよ」と得意満面。女性は「だから何?」と思うわけですが、彼は「えー、知らなかったです。物知りなんですね、すごーい」という反応を期待しているんですね。特におじさん世代に多いようです。こういうとき、キャバクラ嬢はたとえ「フランスの首都って知ってる?」と聞かれて「知ってるに決まってんだろ」と思っても、正解を言わずに「ローマ」とか答えてあげるそうです。さすがですね。

こういうことは、まず「言う必要がない」ということに尽きます。自慢話をすればするほど器が小さく見えるし、「教えてあげよっか」という姿勢も恩着せがましい。自慢話ばかりされると単純につまらないですし、むしろ「この人、コンプレックスが強いから、自分を大きく見せようとがんばってるのかな」と思われてしまったりする。また、「オーストラリアの首都、教えてあげよっか?」「別にいいです。グーグルで調べられますから」という話ですよね。

自慢話を、どうしても言いたいときには、言い方に気をつけるといいでしょう。「BMW買ってさ」という話も「ずっと欲しくて、お金ためて買ったからうれしいんだ」のような言葉を付け加えれば、印象がだいぶ違うと思います。「昔、こんな仕事を大成功させてね」という話も、そこで終わらせずに「みんながいろいろ協力してくれてね」と言い添える。そんなふうに、**何か謙虚なひと言を付け加えるのがコツ**です。

合コンの取材などをすると、男性へのいちばんの苦情は「自慢話が長すぎる」というものです。女性からすると、単純に「つまらない」ようですよ。BMWだベンツだ青山のマンション住んでるとか。CD何枚持ってるだのラーメン屋何軒回っただの。それから「若い頃、一日1000円でヨーロッパ3カ月回った」などの武勇伝系。有名人の○○は友だちだとか、こんな店知ってるとか。

本当に自信がある人は自慢話なんてしませんよね。自慢話はすればするほど、小さな人間に見えるものと心得て、控え目にしておくのが賢明です。

何そんなことで悩んでんだよ

男性と女性とでは、慰め方に違いがあります。男性が「何そんなことで悩んでんだよ」と言うのは「そんなの、取るに足らないことだよ、よくあることだよ、だから悩む必要なんてないんだよ」という、実はやさしさに基づく言葉だったりする。

島耕作が人間関係で悩んでいるとき、中沢部長が「ま、悩むな」と、ポンと肩をたたく。「部長のひと言に、言い知れぬやさしさを感じた、島耕作38歳、京都の夜」とかいうパターン。「悩まなくっていいんだよ」という慰め方が、男性の場合には多いのです。

ところが女性は違います。「何そんなことで悩んでんだよ」なんて言われると

「そんなつまんねえことで悩んでるおまえはアホだ」とバッサリ切り捨てられたり、「めんどくさいから聞きたくないよ」と拒否されるような冷たさを感じて、寂しくなってしまうと思います。

そこで大事なのは**「聞く」「共感する」の順番**です。「どうしたの？　どういうところで悩んでいるの？」「それって人間関係のこと？」と、話を引き出してあげる。そして「そうか、それは悩むかもしれないね」「悩む気持ちもわかるよ」と、悩んでいる相手を受けとめてあげることが重要です。

「ま、気にすんな」「いいんじゃないの、別に」などというのも、男性が言ってしまいがちな言葉。それを言われると、女性はまじめにとりあってもらえていないと感じるのではないでしょうか。

ちなみに、男性が女性の悩みに親身になれないのは、男女で悩みの中身に違いがある、という理由もあるかと思います。女性は人間関係や、心情的な部分の悩みが多いものですが、男性はもっと行動的な部分で悩むものなので、女性の悩みがどうでもいいことのように思えてしまって、それが言葉に出てしまうのです。

繰り返しになりますが、**まず聞こうとする姿勢、さらにもう一歩深く聞いてあ**

げようとする姿勢が大切です。

そして**共感のひと言、受けとめの言葉。**それだけで十分合格点ですが、さらにヒントを与えるような感じで「こういうやり方もあるかもしれないね」とさりげなくアドバイスしてあげて、最後の最後で「そうはいっても、いろいろ気にしていたら仕事もできないから、あまり細かいことは気にせずがんばっていこうよ」と締める。これで「聞かせてくれてありがとう」までついたら100点満点のコミュニケーションです。

男性からすると、すごく手間がかかって面倒くさいと思います。でも、なにも2時間飲みにつきあって話を徹底的に聞けということではありません。5分でいいのです。5分でも、まず受け入れがあってから、アドバイス、結論と進む。手間、順番の問題なのです。

説教やアドバイスをしてはいけないとか「悩むな」という言葉をかけてはいけないということではなく、プロセスがないのはNGということです。プロセスを踏まなければ、せっかくの善意の慰めも逆効果になってしまいます。ぜひ「ひと手間」を惜しまないようにしましょう。

そんなの自分で決めろよ

「ねえ、今度同窓会があるんだけど、行ったほうがいいと思う？」「そんなの自分で決めろよ」という受け答えですね。前述の「どっちの服が似合うと思う？」とも似ていますが、女性はこういうとき、自分の考えを聞いてもらいながら、引き出してもらいながら、結論を出したいと思っています。それに加えて、「この話題にあなたも一緒に参加して」というメッセージが含まれている場合も多いのです。

女性は良くも悪くも、自分で決断しない傾向があります。セミナーなどで見ていて面白いのは、一人の女性に何か質問すると、必ず「えー、何？ 何？」とか言いながら、隣の友だちをうかがったりする様子。「あなたの趣味は？」のような、自分しか答えようのない質問でも、隣の友人に相談するのです。それは、悪く言えば自分で決められないという弱点でもあるし、よく言えばみんなで話し合って決めましょうという協調性でもあります。

それに対して男性は、決断は自分でするものだという意識があります。相手に聞くときは、自分ではどうしてもわからないことや判断に迷うことについて、最終的に他人の意見を仰ぐという場合。相手に意見を聞くということの意味合いが、そもそも違うのです。

だから転職問題など、深刻な話であればまだしも、同窓会に行くかどうかなどという、明らかに自分で決めるべき事柄について、人に判断をゆだねることが理解できないのです。

たとえば、男性からしても、まだ「この服が似合うかどうか」であればわかります。それは迷うこともあるでしょうから。でも、同窓会なんて、自分はその学校の人間でもないし、誰が来るかもわからないし、判断なんかできるわけないでしょうと思うわけです。

こういうときの対応として正解なのは、

「同窓会行ったほうがいいと思う？」「オレは行ったほうが楽しいんじゃないかと思うけど、どうなの？」

「○○さんちに持っていく手土産は何にしたらいいかしら？」「迷ってるの？」と、まずは状況や気持ちを聞いてあげることです。

ところが、それで気持ちを聞いたうえで「じゃあ△△持っていけよ」と言うと、「でもー」が返ってきたりする。ならオレに聞くなよと言いたくなるところです。

ですが、ここで反応してはいけません。そんなときは「今自分は接客中で、お客様はあれがいいかしら、これがいいかしらとお迷い中なんだ」と考えましょう。そう考えれば腹も立ちません。そうですね、迷いますね、どうぞごゆっくりお考えくださいね、という気持ちになれるはずです。

「自分で決めろよ」と言われると、女性は「くだらないことで悩むなよ」「オレには関係ないよ」と突き放されたように感じると思います。

だから、ここで大切なのもやはり「ひと手間」。**どうしたいのか、気持ちをいろいろ聞いてあげて「でも最終的に決めるのは自分なんだから、自分で決めたら**

いいと思うよ」と言うのは最後の最後にする。「そんなの自分で決めろよ」を少しでもいいから我慢する。料理と同じで、コミュニケーションでも「ひと手間」が結果を大きく左右するわけです。

さては生理前だろ

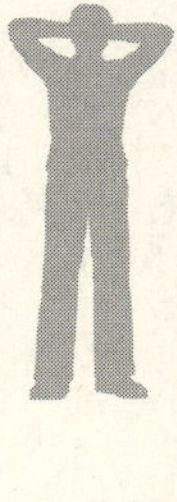

さすがにこれを今会社で言ったら、セクハラ訴訟などという問題になってくるので、言う人はいないと思いますが、プライベートで彼女や奥さんに言ってしまう人はいそうですよね。

「何そんなに怒ってんの？　あーわかった、生理前だろ」と、鬼の首でも取ったかのように言ってしまう。

男性のなかでは「生理＝ヒステリー」みたいな図式があるようです。男性はあまり感情的になるということがないので、なぜ女性がそうなるのか理解できない。だからわかりやすい理由に帰属させようとするのです。

これは単純に「言ってはいけないセリフ」。「さては生理前だろ」と言って、たとえ当たったところでなんの得にもなりません。「すごーい、なんでわかるのー⁉」なんてありえない話です。

さらに男性が言ってしまいがちな言葉としては「感情的になるなよ」とか「何ヒステリックになってるんだよ」。男性は女性が感情モードになることが怖いのです。怖いから、こういう言葉でなんとか火を消そうとするのですが、かえって油を注いでしまうというパターンです。

女性からすると、感情的という、もともとの性質を否定されてもどうしようもないという思いと、これは想像ですが、感情的な自分に対する嫌悪感やコンプレックスもあるのではないでしょうか。自分で気づいていて、いやだと思っている部分だからこそ、ずばりと指摘されると頭に来るのです。

男性が覚えておくべきなのは「感情的になるなよ」と言われて「そうね、冷静になるわ」という展開になるのはありえないということです。「感情的になってなんかないわよ！」と、むしろ余計に感情を爆発させてしまうだけです。

こういうときは「ああ、火が燃えてるなあ」と達観して、自然の流れに任せるのがいいのではと思います。かっこいい言い方をすれば、感情を認めてあげる、受けとめてあげるというやり方ですね。感情の部分には反応しないこと。たとえばクレーム対応でも、感情的に怒鳴ってくる、その怒りの部分にいちいち反応していたらやってられませんよね。

対応方法としては、やはりまずは共感で感情を受けとめる。**「怒るのも無理ないよね」とか「泣きたくなる気持ちもわかるよ」と言えば、だいたいは収束するはずです。受けとめ方にも二種類あって、感情のレベルを同調させるか、ひたすら余裕ある態度を続けるか。**クレーム対応でも「本当に申し訳ありません！」と、こちらも感情を強く出して対応するか、ずっと穏やかに「申し訳ありません」と言い続ければ、相手の怒りも徐々に静まるものです。

男性は、冷静になることが解決の近道と考えているので、つい「冷静になれよ」と言ってしまいます。その言葉が火を消す水だと思っているわけですが、実はそれは油なのです。興奮している人に興奮するなと言っても意味はありませんから、相手の感情を受けとめるか、せめて火に油を注がないようにすることです。嵐はいつか去っていくものですからね。台風に槍《やり》で立ち向かうのは無意味です。

女性のみなさんは、「感情的になるなよ」と言われて「感情的になんかなってないわよ！」と言い返すのではなく、「確かに私も感情的になっているかもしれないけど……」と認めてから、言いたいことを言うようにするといいかもしれません。

さらに高いレベルを目指したければ、深呼吸してください。深呼吸して、話す速度を20％ゆっくりにするだけで、すごく冷静モードになれます。ちなみに、「感情的になるなよ」「わかりました。では冷静にお話しさせていただきます。まず私の不満の第一点目ですが……」と来られるほうが、感情的にわめかれるより男性はずっと怖いし、効き目があると思いますよ。

セーラー服っていいよね

基本的に男性は冷静、客観的なノー・エモーションモードで、あまり感情はあらわにしないものなのですが、ある限定的な部分ではすごく感情を炸裂《さくれつ》させるようです。たとえばスポーツ。勝負ごとではエモーションが炸裂します。あとは趣味なども熱く語ります。

女性より男性のほうが一点集中型というか、ピンポイントでこだわる傾向があるように思えます。女性がいろいろなものに向けて、オーラを広げるようにエモーションを出すのに対して、男性は〝かめはめ波〟のごとく、一点集中でエモーションを出すものなのかもしれません。

そして、男性が最もエモーションモードになるのが〝エロ〟。エロを語っているときの男性の目の輝きや声のハリは一種独特で、表情もすごく生き生きしている。男性同士はエロを「語る」ものです。男の世界で、エロを語ってエモーションを出せないヤツはダメなヤツ。「長澤まさみって胸でかいよな」と来たら「でかいっすよね」、あるいは「いや、あんなの全然たいしたことねえよ」など、何かしらそこでエモーションを出さなければなりません。「どうでもいいじゃないか、そんなこと」なんて言うヤツは論外です。「やっぱりおまえも巨乳派か」「ええ、やっぱ巨乳っすよね」（なぜかエロのときは「〜っすよね」がつく）とか。意味がわかりませんよね。

男性同士で酒を飲むと、たいていそういう会話になるものです。「佐藤のヤツが海でヤったらしいぜ」「えーマジかよ、どこの海?」など、そんな話をしているときは本当にエモーション炸裂です。そして語ります。AV女優の誰が今熱いかとか。この間行った風俗が大当たりだったなんて日には、もう徳川埋蔵金を掘り当てたかのごとくの大手柄。一本勝負で借りたAVが大当たりだったりすると、もう人生万歳、オレの生き様は間違ってなかった的な感動を覚えるようです。

などと書きながら、気がつけば私のテンションもどんどん上がってきましたが、これはどんなに説明しても女性には理解してもらえないものでしょう。

私もかつて妻に「男の人ってセーラー服が好きなの？」と聞かれて、バカなことに真っ正直に「ああ、好きだよ」と答えてしまいました。私としては、丁寧に男性一般のデータを脳内検索したうえで、誠実にお答えしたつもりだったのですが。

しかし思いっきり、「変態ロリコン野郎」と思われてしまったようです（私を見る目つきとその場の空気が変わりました）。そこであわてて「いや、オレが言ってるのは、女子高生が好きということではなくて、あの服がいいということで……」「いや、これは心理学的に見ると〝固着〟というメカニズムによるところで……」と、よせばいいのにまたロジックで熱く語ってしまい、ますますドツボにはまってしまったのです。

それはともかくとして、まじめな男性ほど、女性にちゃんと話すのが誠実さだと勘違いしているものです。「僕がAV借りるのは、別にキミに不満なわけじゃなくて、これはこれで別モノで、ほら、デザートは別腹って言うだろ」などと、ついロジックで説き伏せようとしてしまいますが、これはとにかく語らないことです。

「旅先で出会った女性と一夜をともにした」的な武勇伝も、女性の前でつい語りがち。「ブルガリアで出会った東欧美人と一夜をともにした」話を、女性の部下に30分も語っている様子を目にしたこともあります。そう、これといった理由は別にないんですよね。「そこにエロがあるから」語ってしまうというだけのこと。

また、男性は本当に「数」を誇ります。「オレは○○人とヤった」とか。ちなみにこの場合は「すごーい、ぜひ私も抱いてみて」という反応を期待しているわけです。バカですね。

男性はワインを何本持ってるとか、何十カ国まわったとか、とかく数字というわかりやすい指標で威張りたがります。同じ男として、言いたくなる気持ちもわからなくはないですが、「○○人とヤった」と言って得られるものはほとんどありません。

合コンなどでも、リスクやデメリットを考えたらエロ系の話は避けたほうが無難。言ったところで評価が上がることは絶対にないわけですから。エロを語る男たちを、女性はすごく冷めた目で見ているようです。近づかれるのもイヤなほどの嫌悪感を抱く人も多いと思います。ともかく女性の前でエロは語らなくてよし。語りたければ、男同士で心ゆくまで熱く語ればいいのです。

だってほら、もう○歳なんだから

まず、年齢に関する話題そのものが非常にリスキーであると認識しておきましょう。先日、仕事で会ったある女性が「私、38歳なんですよ」と言うので、「えー、そんなふうには見えませんね、30歳ぐらいかと思ってました」と言ったら「えー、30歳ですか」と、明らかに不満そうでした。一体何歳ぐらいに見えると思っていたのだろうか、と、ちょっとした衝撃でした。

逆に、年の割に幼く見えるのがコンプレックスで、大人の女性に見られたいという人もいて「若く見えますね」が失礼になる場合もあります。若い女性に「若いからいいね」的なことを言っても「この人は若い女が好きなんだ」などと、余計な詮索をされる可能性もあります。とにかく、年齢に関することはあまり言わないようにするのが賢明です。

年齢を尋ねるというだけでも地雷になると思ってください。

さらに評判が悪いのが、年齢を引き合いに出して説教するケース。女性がちょっと甘いキャリアプランなんか話そうものなら「もう30歳なんだから、そんな若い女の子みたいなこと言ってる場合じゃないでしょ、40歳になってもそんなこと言ってるつもりなわけ？」なんて説教を始めてしまう。とにかく年齢に関する話はやめること。それ以外に対処法はありません。せめて説教するにしても、年齢以外の理由で説教することです。

逆パターンとして「オレ、もう30歳だから」のようなことを言う男性もいます。「オレ、もうオヤジだから」のあとに「そんなことないですよ」「まだまだお若いじゃないですか」と慰めてもらうのを期待しているのがバレバレで、たちが悪い。「オレって○○ちゃんから見るとやっぱりオヤジ？」と顔色をうかがってみたり、説教するにしてもいちいち「オヤジの説教にしか聞こえないかもしれないけど……」なんて前置きをつけてみたり。

これは自分のなかでコンプレックスがあるから出てしまうセリフなのです。あるいは「新入社員のうち、10人中8人からはオヤジと思われるだろうけど、2人くらいはオレを現役の恋愛対象として見てくれるはずだ」などという、一縷《いちる》の望みを捨てきれていないのがいけないのかもしれません。

はっきり言って、25歳くらいまでの女性から見れば、30歳以上の男性は全員オヤジだと思っていたほうがいいでしょう。「オヤジに見えるかな？　見えないかな？」という迷いがあるために、つい口に出して反応を探ってしまうわけですから、30歳過ぎたら、もう誰がなんと言おうとオヤジだと潔く認識しておけば、こういうセリフで女性からうっとうしがられることもなくなります。

ほんとバカだな

私は「親愛なるからかい」と呼んでいるのですが、男性は茶化すことで相手を慰めようとする傾向があります。たとえば女性の「私、太っちゃったかな？」という言葉に対して「太った太った、松阪牛みてえ～」なんて茶化してしまう。これは「笑い飛ばせるぐらい、全然気にすることじゃないんだよ」という意味の、慰めの一種なのです。

「こんなミスしちゃって……」「ほんとバカだな」「なによ、バカってどういうこと？」「そう怒るなって、シワ増えるぞ」という会話も、そのパターンですね。

でも、この慰め方は、女性には通じにくいものです。よほど信頼関係が成り立っていれば別ですが、そうでない場合は思わぬ反撃を食らってしまうことになるので、あまり良い対応とはいえません。

こういう場合は、茶化すのではなく、きちんと受けとめてあげるべき。「今日ミスしちゃったんだ」「そうか、大変だったね」、「私、太っちゃったかな?」「全然そんなことないよ」というふうに、相手の気持ちを真剣に受けとめてあげるのです。男性は、親しくなればなるほど茶化してしまいがちなのですが、女性はむしろ、親しい相手だからこそ、きちんと受けとめてほしいという思いが強いのです。

たとえば明石家さんまさんや、ダウンタウンのお二人などは、女性に対しても鋭く突っ込むけれど、決して嫌われませんよね。あれぐらいプロ級の間の取り方や、絶妙なフォローができるのなら別ですが、素人が「親愛なるからかい」をやるのは危険だと思います。

反対に、**女性のみなさんにお伝えしたいのは、こういうからかいは男性なりのやさしさだと考えて、過剰反応する必要はないということ**です。

恋愛相談でも「彼にいつもバカだなって言われるんですが、彼はこんなバカな女とはつきあっていられないと思っているのでしょうか?」という質問を受けることがあります。もちろん、その彼は彼女のことを、むしろ愛しているんですよね。「ほんとにバカだな」なんていうセリフは、本当に見下している相手には言わないものです。シャレになりませんから。

だからこういうセリフは、なるべく余裕を持って受けとめるようにしましょう。もちろん、何度も言われて傷つくようなら「悪意じゃないのはわかってるけど、傷つくからそういう言い方はやめてくれないかな」と、きちんと伝えるようにすることは大事です。

要するに何？

　これはもう、完全に男女の会話スタイルの違いから出るフレーズです。結論が先にありきの男性型会話と、最後に結論が来る女性型会話の違いです。

　男性は結論が来ないと話の全体像が見えにくい。「今の仕事もやりがいがないわけじゃないんだけど、今ひとつ充実感がなくて、でもこれでいいのかなって思うときもあって……」という調子で話されると、「要するに何なんでしょうか？　転職の相談なのか、それとも雑談なんでしょうか？」と、早く結論を教えてほしくなります。そこで最初に「今転職しようか迷ってるんだ」と言われれば、いわば文章に見出しがついた感覚で、そのテーマに沿って整理しながら話を聞けるので、あまりイラつかない。この章にはこういう内容が書かれています、という最初の見出しが見えないと、いつまで続くのか、どういうリアクションをすればいいのかがわからないので、イライラしてしまうのです。

とはいえ「要するに何？」は、たとえどんな言い方にせよ、言うべきではないと思います。そういうときには「転職するかどうかで悩んでるの？」というふうに確認するのがいいでしょう。「聞く技術」で言うところの〝要約〟のスキルです。「要するに何？」は、相手からすると「話が長いんだよ」「余計なことばかり言ってないで、早く結論を言えよ」と言われているような気にさせてしまいます。そうではなく、**聞く側が「自分にはこんなふうに聞こえたんだけど、どうかな？」と、まとめつつ質問を投げかけるのです。**

「それがどうしたの？」も、男性が言いがちなフレーズです。「夕日がきれい」「それがどうしたの？」と、しらけモードになってしまう。ただ目の前にあるものを見つめたり、慈《いつく》しんだりする能力は女性のほうが高いようです。だから、「花が咲いたね」と言われても、別にそれで空腹が満たせるわけでもないし、という現実的思考になってしまう。結果を求めない会話というのが苦手なのです。女性同士なら「夕日がきれい」「わーきれい」で盛り上がれるのに、「だからどうしたの？」で片付けられたら、女性としては「この人と一緒にいてもつまらない人生になりそう」と感じるかもしれません。

エリートの婚約者とオープンカーでドライブしていて「わー夕日がきれい」とつぶやいたら「それがどうしたの、それより今日の夕食さあ」と言われてガックリ。そんなときふと、貧乏な男性が撮ってくれた、きれいな夕日の写真を思い出す。そうだ、あの人は夕日の美しさを知ってる人だった……。そして突然車を降り、エリートを振り切って走り去る、なんていう、ドラマにありがちなワンシーンを想像してしまいます。

「で、結局何がしたいの？」も、女性から悩み相談を受けた際などに、言ってしまう男性が多いようです。男性は、うじうじ悩んでる暇があったら行動に移す、という美学のようなものがあるので、このような質問をしてしまいがち。これも「で、結局」という言葉をやめて「じゃあ、結論としては、どういうふうにしていきたいの？」と言い換えればいい。言葉ひとつの問題なのです。

このように、男性は結論ありきの会話スタイルなので、女性は男性に相談する際は、まず見出しをつけてから話すか、聞いてもらいながら結論をまとめたいなら、男性ではなく女性に聞いてもらうようにしたほうが賢明です。ただ、はっきり「こうすべき」と意見を言ってもらえるのは、男性と話すメリットとも言えるので、それをうまく利用するという考え方もありだと思います。

まあまあだよな

手放しでほめることができる男性というのは貴重です。手放しで「わーすごいすごい」と言うのは、才能のないダメなヤツ、厳しく批評するのが能力のある人間、というイメージがあるのです。

だからイタリアンレストランなどに行って、ほんとはすごくおいしかったのに「まあまあだよな」とか言ってしまう。「オレはもっといい店知ってるぜ」「これぐらいじゃオレを満足させることはできないぞ、ま、そのへんの男だったらこれぐらいで満足するだろうけどね」という感じでしょうか。

大ヒットした映画などに対しても、そのブームに乗っかって賞賛すると、自分も大衆の一人になったような気がしてしまうので、あえて厳しく批評する。そんなオレが好きなんですね。「ハリウッド映画にしてはまあまあ良くできてるよな」「トム・クルーズもけっこうがんばったよな」などという「おまえ何様なんだ」的なコメントをしがちです。

また、彼女が「この服買ったんだけど、似合う？」と、もちろん「かわいいよ」と言ってほしくて聞いているのに、「確かに似合ってはいるけど、結構ありきたりな感じかも」とネガティブコメントを付け加えてしまったり、「まあ、いいんじゃないの」なんてシニカルな態度をとってしまうのもよくあること。素直に「ああ似合ってるよ、いい感じだね」となかなか言えない男性が多いのです。

男性のシニカルぐせというのは、面白いものですよね。シニカルに批評することが男性の楽しみでもある一方、そういう態度をとっていることで、ものごとを１００％楽しめなくなっている、自分で自分の楽しみを削ってしまっているという面もあります。

批判しているから嫌いなのかというと、そういうわけではなくて、むしろ大好きだし思い入れがたっぷりあるからこそ批判をする。愛するがゆえに、厳しく批評することで、少しでも高みに上ってもらおうとする、というような感覚もあります。

『美味しんぼ』の海原雄山も、山岡士郎の料理に「わー、うまい」なんて絶対言いませんよね。「まあおまえにしてはせいぜいがんばったほうだな」ぐらいで。そういう美学が男の世界にはあるのかもしれませんね。

いずれにせよ、こういう**シニカルぐせは女性には通じにくいですし、印象も悪くなってしまうので、少なくとも女性の前では避けたほうがいいでしょう。**「まあまあだよな」（でも本当は大好きだし、すごくいいと思ってるんだよ）というのは、男性同士でないとなかなかわかりにくいものなのです。

グチグチ言うなよ

女性があれこれ、自分のエモーションを語っていると、男性はそれをグチととらえてしまうようです。「お隣の奥さんがちょっと難しい人なのよね」「家賃払うと、今月ちょっときついのよね」などというのは、男性からすると、すべてグチ。女性はただ単にそうやって、自分のなかにあるエモーションを発散させているだけなのだということがわからずに、「不平不満を言っている＝グチ」と解釈するのです。

でも、女性からすると、それは別に「不平不満」というほどのものでもないことが多いのです。「桜が咲いたね」「最近雨が続いているね」という程度の話題であって、それ以上でも以下でもない。そこで行き違いが生じてしまうのです。

男性は、自分にかかわる話題だと特に、過剰反応をしがち。

たとえば家を建てたとき、奥さんが「ゴミ捨て場が遠いのよ」と言っただけで「こんなところに家を建てやがって」と、自分への不満をグチられているような気持ちになってしまう。遠まわしにネチネチ責められている気がして「グチばっかり言って、不満があるのならはっきり言えよ！」と、キレてしまう。単に「ゴミ捨て場が遠い」というだけの話だったのに、大ごとになる。

そして結論は「それぐらい我慢しろよ（「ろ」にアクセント）」。グチばっかり言っている暇があったら行動しろ、とばかりに、「ゴミ捨て場が遠いなら自転車で運べよ」などと言い捨てたりするのです。

男性が理解しておいたほうがいいのは、女性の話がグチであるかどうかは、客観的には誰にも判断できないものだということです。

また、**男性にはグチにしか聞こえないようなことであっても、女性からすると「今日は雨ね」という程度のことだったりする場合が多いので、あまり大げさにとらえたり、いちいち反応する必要はないのです。**

「ゴミ捨て場が遠いのよ」「遠いかあ」でいいのです。「今月、お金きついのよ」

「きついかあ」、「子どもの手がかかって……」「そうか、大変だったか」とリピートすればいい。そして、言いたいことを言わせてあげるのです。

「グチグチ言うなよ」なんて言ってしまうと、思いがけない壮絶な戦いに発展してしまう危険性があります。小さな火種をわざわざ大きな火事にしないよう、さらっと受け流す余裕を持ちたいものです。

なんで結婚しないの？

男性は、無邪気にこういうことを聞いちゃいます。深い意味はなくて「昨日の夕飯、何食べたの？」という程度の、話題のひとつとして発してしまう場合がほとんどなのですが。あるいは「なんで結婚しないの」「なんで彼氏がいないの」のようなことを聞くのが礼儀と勘違いしているところもあるかもしれません。男性自身でも、何を期待してこういう質問をしているのか、よくわかっていないと思います。

でも、女性にとってはこの手の質問はイヤではないでしょうか。意図的に結婚しない選択をしていたり、彼氏をつくらない主義であれば少しは違うのかもしれませんが、「結婚したいけどできない」というコンプレックスがあるほど、こういうセリフに反応してしまうものだと思います。「キミ、結婚したくてもできない女？　なんか欠陥あるんじゃないの？」と、意地悪く批評されているような気がして、「なんであんたにそんなこと言われなきゃいけないの！」と過剰にキレてしまったり。

ここも男女の違いなのですが、女性は深読みが得意です。言葉の裏にある意図を探ろうとします。でも男性は、何も考えていなくて、単にそのまんまの意味で発言していることが多いのです。

たとえば「太った？」なんていうひと言も「なんか前よりも太ったように見えるんだけど」という、それ以上でも以下でもないのですが、女性は「デブだって言いたいのか」「やせろって言ってるんだ」というように受け取ってしまいがちなのです。

対処法としては、単純に男性はこういうセリフは言わないようにすることです。言っても得することはありませんから。

もしどうしても言いたければ「どういう結婚がしたい？」「どういう結婚生活が理想？」のように、明るく夢を語れる方向の質問にすれば、女性もあまりイヤな気はしないと思います。

「どうして彼氏いないの?」ではなくて「どういう人が彼氏だったらいいと思う?」と明るく聞けば、好印象でしょう。

男性が勝手に「できない理由」を分析して押し付けてくるのがとてもイヤ!という声も女性からよく聞きます。「高望みしすぎなんじゃないの?」とか。そこから「結局、女って誰でもいいとか言いつつ、うるさいんだよね」などと、オレ論をぶちかましてしまうのが、最も嫌われるパターンです。

女性におすすめなのは「なんで結婚しないの?」と聞かれてイヤだったら、すっとぼけてしまうこと。

そこでキレたら、「あー、あんなふうにキツいから、結婚できないんだな」と思われてしまって負けです。

よく芸能人が男女二人でマンションに入るところをスクープされて「何をしていたんですか?」と聞かれると、「普通にお話ししてただけですよ」「さあ、何してたんでしょうね、あんまり記憶になくて」などと、シラッと言ったりしますよね。これはヘッジング(はぐらかし)というスキルです。

「なんで結婚しないの?」→「なんででしょうねえ」、「きっと高望みしすぎなんじゃないの?」→「高望みしすぎなんですかねえ」と、全部すっとぼけてしまうのが賢いと思いますよ。

Part5

これであなたもジェントルマン！

女性にモテモテ？の「魔法の言葉 上級編」

女「ビタミンCのサプリでも飲もうかな」→**男**「ますますキレイになっちゃうね！」

女「クリスマスプレゼント、何かほしいものはある？」→**男**「一緒にいてくれるだけでうれしいよ」

女「そんな言い方ってひどいよ」→**男**「ごめんな。オレ、やさしいだけが取り柄なのに……本当にごめん」

女「ねえ、私のこと、好き？」→**男**「うん、僕にはもったいないくらいの最高に素敵な彼女だよ！」

ごく稀ですが、世の中にはこんなセリフを平気で言える男が存在します。私の知り合いにもいるのですが、ホストとか女好きとかそういうことではなく、本当に何のためらいもなく、そしていやらしさをまったく感じさせずに、さらっと口から出てくるのです。当然すごいモテっぷり（しかもこういう男に限って、浮気などせずに彼女や奥さんを大切にしているので、ますますのモテ方です）。同じ男として、反省と羨望と嫉妬を感じずにはいられません。

この章では「上級編」の言葉をご紹介していきます。

ここまで来ると、言えたらすごいなというレベル。正直、同じ男として、「こんなことばかり言ってる男ってむしろヤだよ」というレベル。やりすぎると、きっと女性からも怖がられるレベルです。

ですから、ここで挙げる言葉を全部言いましょう、ということではありません。ひとつでも言えるようになれば、もう十分なのです。英会話でも、貴族が話すような上級の言葉でずっと話し続けるのは難しいけれど、ひとつでもすごく知的に聞こえるフレーズを身につけておくだけで違いますよね。それと同じで、上級フレーズといっても、なにもこれ見よがしに連発する必要はないのです。

でも、ひとつだけでもこういう言葉を使いこなせていれば、ほかの部分で多少NGがあっても許されたり、挽回ができる。いわばリスクヘッジに役立つものでもあるので、身につけて損はないはずです。

このあたりまで来ると、ほとんど『島耕作』か『ハーレクイン・ロマンス』か少女マンガの世界。だからこそ、メジャーリーグに挑戦するつもりで、チャレンジしてみましょう。

さあ、「島耕作なオレ」を目指して、さっそくトライです！

自分ではどう思ってるの？

これまでたびたび書いてきたように、女性にとっては「エモーション」が大事。だからこういった、相手の気持ちが引き出せるような質問が効果的なのです。

これも繰り返しになりますが、男性はこれをやられると、むしろ不快になることも多々あります。「あなたはどう思ってるの？」「どんな気持ちなの？」などと聞かれると、とても怖くなってしまう。だから女性にもこういう問いかけをあまりしない。

「気持ちなんて聞いたってしょうがないじゃないか、それよりも何をするか、しないかだろ」という思考の男性は多いものですが、女性は気持ちや思いを語ることで整理がついたり、結論が出たり、あるいは聞いてくれた人に好印象や信頼感を持つのです。

このセリフが言えるシチュエーションは、至る所にころがっています。たとえば「会社をやめようかどうしようか、迷ってるんだ。どうしたらいいかな？」と相談を受けたような場合。そこですかさず「自分ではどう思ってるの？　まずはキミの気持ちから聞かせて」なんて言えたとしたら、もう神の領域。

私もこうして書きながら、15歳ぐらいからもう一度人生をやり直したい気持ちになってきました。こういうことがわかっていれば、相当モテたはずなのにと思います。

Ｐａｒｔ2の「どっちの服が似合うと思う？」のような言葉に対して「自分ではどう思っているの？」「〇〇はどっちが好きなの？」と返すのもいいですね。

また、迷っているようなときばかりでなく、うれしいときにもいいと思います。「この仕事うまくいきました！」「よくやってくれたね、今どんな気持ち？」「すっごくうれしいです」「そうだよね、うれしいよね！」という会話です。

前章までで書いてきたのは、女性がエモーションを出してきたらそれを受けとめましょうということでしたが、これが上級編なのは、待つのではなくむしろこちらから積極的に引き出しましょうという点です。自分から引き出してキャッチする。そこが違います。

カウンセラーにとっても重要な手法なのですが、事実ばかりを語らせるのではなく、気持ちを吐き出させるのです。「で、何？　どうしたいわけ？」「だから結局何をするの？」ではなく、「どうしたい気持ちですか？」という聞き方をする。**女性心理においては「気持ち」というキーワードが非常に大きな存在になっている**と覚えておくといいでしょう。

男性が言われるとすごく不快で怖いＮＧワードにもなりうるのに、女性に向けると上級のＯＫワードになってしまうというのが不思議なところ。やはり「気持ち」や「感情」は、良くも悪くも男女を大きく隔てる壁なのです。

今日は楽しかったな

　これも男性がなかなか言わない言葉。男性は手放しでポジティブな感情を出すのが苦手だし、怖かったりもするものです。常に自分を厳しく律しながら、現実的に物事を考えて目標達成のために修練していくことを良しとする。そういう思考回路の傾向があるので、単純に「今この場を楽しむ」ということがなかなかできない人も多いのです。

　対して、女性はそれが非常に得意。私自身この仕事をやってきて、女性がすばらしいなと感じる点は、「今この場を楽しむ能力」です。レストランに行っただけで「内装がおしゃれ」「このイス、素敵」「この料理おいしそう」「盛りつけがきれい」「すごくおいしいね」「デザートもおいしそうだから食べちゃおうか？」

と楽しめる、ワクワクできる。これって実はすごいことであり、男性にとっても学ぶべきことが多いのではないかと思います。

男性の場合には、楽しければ楽しいと手放しで言えばいいのに、どうしてもどこかで抑えてしまうところがある。お酒が入って初めて（居酒屋で野球中継を見ながら）「今日は最高、巨人万歳！」とか言いながら、知らないおじさん同士で抱き合ったりする。アルコールが入らないとエモーションが吐き出せないというのは、ある意味哀しいことだなと思います。

たとえばデートをすると、女性は「今日は楽しかったー」と、なんのてらいもなく言います。それに対して「そうか」ぐらいしか言えない男性。でも実は彼もすごく楽しい気持ちでいっぱいだったりする。「オレもすごく楽しかったよ」という気持ちなのに、それが表現できないし、言うのが怖い。

子どものうちは、誰でも手放しで「楽しいー！」とポジティブなエモーションを出せますが、年齢とともにそれが抑圧されていきます。その抑圧が特に男性のほうには強くかかりやすいのです。また、世代による違いも大きく、上の世代になるほど「男が笑ったり楽しいなどと言ったりするのは、武士道に反する」みたいな美学を強く持っているものです。

でも、デートのあと、自分が「楽しいね」と言ったのに、男性が何も言ってくれなかったら、女性としては「つまらなかったのかな」と不安に思うでしょうし、寂しくもなると思います。そこでもし男性が「うん、すごく楽しかったね！」と言ってくれたら、たとえ女性にとって、その日のデートが実はイマイチだったとしても、ぐんと気持ちが上がるはずです。

また、こういう言葉は、女性との関係というだけではなく、自分のメンタリティにとっても良いものです。**「楽しかった」と口に出すときは、楽しかった理由を思い浮かべるので、自分のメンタリティも高揚します。**男性はもっともっとポジティブなエモーションを出してもいいのではないでしょうか。

たとえばデートできれいな海を見ておいしいものを食べたら「すごくおいしかったな」「いい店だったよね」「きれいだったよね」と、どんどん口にしたらいいと思います。

そして、やはり締めには「今日は楽しかったよ」。帰り際に口に出してもいいし、メールで「本当に楽しかったよ。また会えるのがすごく楽しみ」「楽しい時間が過ごせました、ありがとう」と伝える。

家庭を持っている人も、週末に家族サービスで遊園地なんかに出かけると、たいてい「疲れた、疲れた」ばかり言ってしまうものですよね。そこで子どもと一緒に「サトシ、今日は楽しかったな！」「うん、パパ、楽しかったね！」と言い合えれば、家庭の雰囲気もぐっと明るくなるのではないでしょうか。

ずっとがんばってたもんね

男性の励まし方の基本は「がんばれよ」という叱咤《しった》激励型です。「がんばれよ」というのは、男性の感覚では悪い言葉ではありません。でも女性にとっては「がんばれよ」と言われると、「もっとがんばらないとだめだぞ」「おまえのがんばりはまだ足りない」と、自分を否定されたような気持ちになりやすいのです。

男性からすると、少し甘えているように思えるかもしれませんが、女性には「このままの私を受け入れてほしい」「がんばっている私を認めてほしい」という気持ちが強いのです。だから「がんばりを認めてあげる」ということが大切なのです。

「がんばれよ」と「がんばってるね」のニュアンスの違いは、女性にとってより大きなものとなります。「がんばってるね」からは、「キミががんばってるのはわかってるよ、ちゃんとキミのがんばりを見ているよ」というメッセージを感じさせます。奥さんが料理をつくっているときに「がんばってるね」、上司が女性の部下に対して「がんばってくれたね」のように、幅広く使うことができるでしょう。

男性には、ひたすら努力を続けていく使命を背負っているような感覚がどこかにあります。100%のがんばりというものは存在しない、ここでがんばりをやめたらおしまいだ、もっとがんばれ、というような。だから「がんばってるね」と認めてしまうと、もういいのかと判断してがんばりをやめてしまうのでは？という感覚もあるでしょう。だからひたすら「がんばれ」とお尻をたたく形の励ましになってしまうのです。

男性が読むマンガでは「がんばれ悟空、悪のサイヤ人を倒せ！」などと、もっとがんばってレベルアップしろみたいなパターンが多い。ところが女性向けのドラマでは、若いＯＬさんに田舎のおばあちゃんが「あなたは十分がんばってきたんだから」と、やさしく肩をなでてあげるようなシーンがよくあります。これはどちらが良い悪いということではなく、単に男女の感覚の違いです。**女性には「がんばれよ」と言うよりも「がんばってるね」で、今のがんばりを認めてあげるほうが、さらにがんばろうという気持ちを引き出せたり、結果が出せる可能性が高くなる**と覚えておくといいでしょう。

こうするとさらによくなるね

ここでお話ししたいのは、アドバイスをするときのコツです。繰り返しになりますが、男性は「こうしなきゃダメだぞ」的な言い方をしがちです。それは女性からすると、押し付けたり脅しているように聞こえてしまいがち。ですから、言い方を少し変えてみましょう。

たとえば、女性の部下に仕事上のアドバイスをするとき。「取引先の前で、おどおどしたらだめだぞ」ではなくて「取引先の前でも、堂々と話せるようになったらいいよね」、「ケアレスミスが多いぞ」ではなく「ケアレスミスをなくせたら完璧だね」という話し方にするのです。ちょっと甘やかしているように感じる人もいるかもしれませんが、特に女性の場合、「こうするとよくなるよね」という言い方のほうが受け入れやすいのです。

どう考えても注意が必要な場合、たとえば遅刻を繰り返して迷惑をかけているような場合は、いくら女性相手でも「遅刻がなくなったらいいよね」ではなく「遅刻はだめだぞ」とバシッと言うべきだと思いますが、それほどでもないアドバイスなら、こういうソフトな言い方をするほうが効果的でしょう。

女性は叱咤激励型や、否定される形のコミュニケーションに不慣れです。女性同士の会話では、意見を押し付けるようなことはあまりありません。

相談を受けても「こうしたらいいよ」とは言わず、意見を言うにしても「あくまでも私の意見なんだけど……」と、必ずエクスキューズをつけて、結論は相手に委ねます。

だから男性の命令調や否定調にダメージを受けやすかったり、反発心を覚えやすいのです。

「料理ぐらいちゃんとやってくれよ」ではなく「料理をつくってくれたらうれしいんだけどな」という言い方。あるいは「会社やめるのかやめないのか、はっきりしろよ」ではなく「迷ってるなら、あと半年ぐらい我慢してみるのも手かもね」というように、あくまでヒントを与えるという言い方にします。

「だめだから直せ」ではなく「こうするとさらによくなっちゃうよね」という、否定しない言い方が効果的なのです。

これは、**上から見下ろされる形でアドバイスされるのを嫌う男性にも有効です。**対女性だけでなく、上級のコミュニケーションスキルとしても活用するといいでしょう。

いつでも相談に乗るよ

女性は一般的に「話を聞いてほしい」という気持ちが強いのです。だから、こういうひと言がうれしいもの。**こう言われると、頼もしさや安心感を覚えるし、単純にいい人、少なくとも悪い人ではないと感じるはずです。**

男性は、たとえば会社で女性の部下に対してはこういうことが言えるのに、奥さんや彼女に対してはあまり言えないようです。女性を口説く段階では、よくこういう言葉を口にするのに、いったん自分のものになったと思うと「そんなの自分で解決しろ」という態度になったりする。口説くときにこのセリフが出てくるということは「相談に乗る＝女性の心をつかめる」ということを、どこかで認識しているということですよね。奥さんに対しても「また話そうな」とか「また折を見ていろいろ相談しよう」というふうに、こういう言葉をもっと言うようにしたらいいと思います。

男性同士で、相手が目上などの上下関係にないのに「いつでも相談に乗るぞ」と言われると、「自分で解決できないやつ」と言われているようで、プライドが傷つくのです。だから、身近な女性に「相談に乗るよ」と言わないのは、相手を信頼し、認めていることの現れ、と良い方向に解釈することもできなくはありません。女性から「困ってるなら相談に乗るよ」と言われても「オレは決して困らない！」なんて言って、はねつけてしまう男性がいるのも、プライドのせいなのです。

男性は、相手が上司や専門家など、自分より上だと認識している人からこう言われるのは素直に受け取れるのですが、同レベル、もしくは自分より下だと認識している人から手をさしのべられるのは我慢できません。ということは、女性の「相談に乗るよ」の言葉をはねつけてしまう人は、女性を下に見ているということです。

男性は概して、素直に人の助けが借りられない傾向があります。女性なら「相談に乗るよ」「ありがとう、○○ちゃんにそう言ってもらえると心強いよ」と普通に言い合えるものです。男性はもっと気軽に、相談する、されるというコミュニケーションができるようになるといいかもしれません。悩みを抱え込む、人の助けを借りられない、なんでも一人でしょいこみすぎる、というのは男性の弱点でもあります。

「相談に乗るよ」「ありがとう」と言ったり言われたりするところから、意識を少しずつ変えていくのもいいのではと思います。ちなみに男性では、人の相談に乗ることはできても、人に相談することができないという人も多いようです。自分が相談すると迷惑なんじゃないかなどと、いろいろ考えすぎてしまうんですね。でも、女性は男性から相談されて悪い気はしないはずですし、女性に相談に乗ってもらったら「聞いてくれてありがとう」と言えばいいだけなのです。「僕ばっかりしゃべっちゃったね」と言えば、それで十分。おそらく「そんなことないわよ」というやさしい言葉が返ってくると思います。

反対に、女性から相談を受けたら、多少できすぎになりますが「話してくれてありがとう」「聞くことぐらいしかできなかったけど、大丈夫？」と言えれば好印象。男性はどうしても、相談に乗ったら何か明確な解決策を与えてあげなければいけないと思ってしまいがちです。だからプレッシャーになってしまう。でも、ただ聞いてあげるだけでいいんだということがわかれば、「相談に乗るよ」のひと言も、ぐっと言いやすくなるはずです。

教えてくれてありがとう

「人に教えを請う」ということもまた、男性はとても苦手かもしれません。研修や学校など「習う」ことが前提の場であれば、素直に聞くことができるのですが、そうではない場面では「教わる」ことがなかなかできないという人も多いのではないでしょうか。

女性が教えてくれたことに対して、素直に「教えてくれてありがとう。知らなかったよ」「すごく勉強になったよ、参考にさせてもらうね」と言える男性は、とても器が大きいと思います。

「そんなこと知ってるよ」とか「言われなくてもわかってるよ」という反応も、ありがちなパターン。「レディーファーストってやっぱりうれしいよね」と女性が言おうものなら「女だからって譲るのは、男女差別じゃないか」という調子で、食ってかかってしまう。「へー、そんなものなんだね」と、共感しながら流すのが、この場合のいちばん無難なOK対応。そこで「じゃあ、さっそく身近な人にやってみようかな」と言えたら完璧でしょう。

ところが、なかなか素直に言えない。これがたとえば「欧米の実験によると、レディーファーストを実行した男性のほうが、結婚率が統計的に見て有意に20％高いことが判明した」などと専門家の意見として言われれば、とたんに素直に納得するのです。

そして、実行して女性に喜ばれると、別の男性に「おまえ、レディーファーストやってるか？　やらないとダメだぞ」なんて、誇らしげに説教を始めたりするのもまた、男性の習性です。

女性に「知らなかったよ」と素直に言える男性というのは、実はとても貴重なのです。女性の部下にパワーポイントの使い方を教わったりしても「教えてくれてありがとう」とは言えずに「わかった、わかった、もういいから」と、追い払ったりする。教わっている自分が恥ずかしくて、早くこの場を切り上げたくなってしまうという心理もあるのでしょう。

ですから、女性のみなさんにお伝えしたいのは、男性から「教えてくれてありがとう」という言葉を期待してもなかなか難しいので、期待しないほうがいいですよ、ということです。「なによ、教えてあげたのに」と腹を立てるのではなく、子どもが「僕、そんなの知ってるよ」と言い張るのと一緒で、精一杯虚勢を張っているんだなと思って「あー、すごいねー、えらいねー」と、温かく見守ってあげる。気持ちに余裕を持って、（見下すということではなく、やさしいお母さんになったつもりで）一段高いところから教えてあげるのがよいと思います。

もちろん、男性のみなさんには、**「そうか、教えてくれてありがとう。すごく勉強になったよ」と言えるだけで、好印象度や器の大きさ度がぐっと上がる**のだと覚えておくことをおすすめします。

オレが悪かったよ

しつこいようですが、男性はプライド型の生き物なので、負けを認めるのが非常に難しい。武士道では「負けを認める＝切腹」ですよね。それぐらいの敷居の高さがあるのです。

それに対して女性は、謝ることにあまり抵抗がありません。「ごめんね」「うん、私こそごめんね」と、気軽に言い合います。トイレから出てきただけで友だちに「ごめんねー」と言っているのを聞いたことがあります。きっと相手を待たせていたことに謝っているのでしょう。

男性同士ならば、1時間トイレにこもっていたとかでなければ、なかなか「ごめんな」は出てこないでしょう。男性同士は、深刻な事態のときは潔く謝罪しますが、よほどのことでなければ「ああ、わりい」程度で済ませてしまうもので、あまり謝ったり、謝られたりということがないのです。

では練習問題第1問。デートの待ち合わせであなたが遅刻しました。彼女から「1時間も遅刻なんて、せっかくの日曜日なのに～」と非難されたとします。そこでどう答えますか？

×「文句言うなら、解散しようか」

×「怒って出かけても楽しくないし、帰ろうか」

負けを認めたくないあまり、逆ギレしてしまうパターン。女性は「まずは謝りなさいよ！」と、余計怒りモードになるはずです。

◎「ほんとにごめんね。○○だったんだけど、次から気をつけるよ。おわびにケーキごちそうさせて！」

「私はケーキなんかじゃ収まらないわよ！」という人もいるでしょうが、きちんと謝って、少しでも補償をしようという姿勢を見せることが大事なのです。

第2問。「こんなことってひどいよ」と、女性があなたの非を責めてきた場合、どう反応しますか？

×「そんなこと言ってもなんの解決にもならないよ」

と、意地でも謝ろうとしないパターン。あるいは、

×「わかったよ、謝ればいいんだろ！」

と、逆ギレモードになったり、

×「はいはい、オレがわるうございました。これで気が済んだだろ？」

とおざなりに謝るのもいただけません。

◎「そんな思いさせてごめんな」

と、誠実に謝るのが正解です。自分は悪くないと思う場合でも、まずは、

◎「誤解があるみたいだけど、気持ちを傷つけたことは謝るよ」

と言いたいものです。

謝るべきときにきちんと謝ることができる男性は、器が大きくてかっこいい。グダグダ言い訳ばかりで謝れない男性は、逆にかっこ悪い。器の小さい男という

ふうに見られてしまいます。

素直に謝れるようになるには、ナルシスティックに「素直に謝れるオレ」に酔ってしまうのもいいと思います。「普通の男なら言い訳するところを、潔く謝れちゃってるオレ、サイコー！」みたいに。

ただ、あまり「ごめんねごめんね」ばかり言っているのも、情けない男という感じがしますので、「謝るべきときはビシッと謝る」という姿勢でいくといいでしょう。

急がなくていいよ

たとえば女性と一緒に歩くとき。歩幅や、はいている靴の違いがあるので、どうしても男性のほうが歩くのが速くなりますよね。それから女性は、出かける前の支度にも時間がかかるものです。男性は、シャワーを浴びて着替えたところで15分もあれば済むけれど、女性にはとても無理。そういうとき、男性はつい「なにのんびりやってるんだよ」「早くしろよ」という言葉を発してしまいがちです。また、言葉を実際には発しなくとも、イライラしている様子ははっきり伝わったりします。

ところが女性に言わせると、こういうときこそ男性の器や人格がはっきり見えるものなのだそうです。「早くしろよ」とせかされると、「冷たい人」「こちらの事情を考えてくれない人」「女性の気持ちがわからない人」と感じます。それに、単純に男性から見ても、せかせかした人は余裕がなくて、器が小さいなと思われがちです。

「早く早く」と女性をせきたてたところで、本当に急がないと取り返しがつかないようなシチュエーションなんて、実はそんなにないということに気づきます。何かに間に合わないと困るからというよりは、ただ単に自分のペースについて来られないことに苛立っているだけということも多いのではないでしょうか。

だからこそ、そんなときに**「急がなくていいよ」「ゆっくりでいいからね」というひと言が言える男性は価値が高い**のです。女性が「映画に遅れちゃうね、ごめんね」と慌てて支度しているとき、「遅れたっていいよ、無理しないでね」と言えるかどうか。ここは、大げさに言えば人間としての勝負の分かれ目だと思います。映画に間に合うことを取るか、彼女に人間としての器の大きさを見せるかの選択ですね。

だいたい客観的に考えても、人間「早く」とせかされて急げるものでもないでしょう。言われるほどあせってしまうものだから、たとえば仕事の場面でも「ゆっくりでいいから、確実にやっていこう」と言うほうが、むしろ効率が上がったりするものです。

もうひとつ、似たパターンとしては、お酒に関して。だいたい、男性向けのナンパ本には「いかにして女性に酒を飲ませるか」ということばかりが書かれています。でも、そういう場面で「お酒、無理しなくていいからね」と言われたほうが、女性はむしろ「もうちょっと飲んでもいいかな」と安心するようです。「飲んで飲んで」と言われると、逆に警戒してしまう。「終電をいかに逃させるか」ということも、よくナンパマニュアルには書かれていますが、むしろ「終電大丈夫？」とジェントルマンな気遣いができる人のほうが、女性にとっては断然価値が高いし、心を許しやすいと思います。

こうした対応は、ナンパ本的な価値観からすれば、生ぬるく感じられるものかもしれません。でも男性が理解しておくべきなのは、こうしてちゃんとひと手間かける「急がば回れ」戦法のほうが、確実に女性の心をつかめるということです。「急がなくていいからね」「無理しなくていいからね」というひと言が言えるかどうかで、その人の人間性や器量、そのときの心理状態まで、いろいろなものが推し量れそうな気がします。ここでも「ゆっくりでいいからねと言えるオレ」に酔ってしまうのがいいでしょう。「まいったな、オレの器、底なしだよ」ぐらいに、自分を鼓舞《こぶ》してがんばっていただきたいと思います。

素敵だね

「素敵だね」のひと言が手放しで言える男性も、なかなかいないのではないでしょうか。セミナーで「隣の人をほめてみてください」とお願いすると、戸惑いと困惑の様子になる男性が非常に多い。特に「素敵」なんていう単語は、男性からはまず出てきません。男性がうっとりした顔で「素敵……」と言うと、むしろ気味悪さを感じてしまうようなイメージがあるのも、男性がなかなかそういう言葉を発しない証拠のひとつです。

ところが女性は「これ素敵！」「素敵ね〜」と、言いまくりです。だからこそ、男性は女性に対して言えるようになったほうがいい言葉なのです。実はこれ、気恥ずかしいのも最初だけ。初めて英語を話すときって、なんだか気恥ずかしいですよね。でもいったん「ハロー」と口に出せば、抵抗感は薄れていきます。それと同じことなのです。

たとえば女性が「何を着ようかな」と服を選んでいるとき。「何着たって変わんないよ」ではなく、「うん、あれを着たらきっと素敵だよ」。または「誰も見てないんだから、自意識過剰なんじゃないの？」の代わりに、「素敵すぎて人目を引いちゃうかもしれないね」と言ってみる。「すごくおしゃれに気を遣うんだね」なんて言うのもいいかもしれません。すごいジェントルマンですね。

「**すばらしいね**」も、なるべく口にしたい言葉です。「素敵」はどちらかというと外見的なものに対する賞賛ですが、「すばらしい」は内面的なものも含め、総合的に使えます。「英語の勉強、がんばってみようかな」「すばらしいね」というふうに。

男性は「手放しでほめる」というのが怖い傾向があるので、「すばらしい」という単語に抵抗があるのかもしれません。内面をほめるのでも「やさしいね」ぐらいなら、まだハードルが低いけれど「すばらしいね」は、かなり手放しな感じがするので、言いにくい人もいるでしょう。

でも、こういう単語は、最初は違和感があると思いますが、言ってみると気持ちのいいものです。

「素敵だね」「すばらしいね」と言うと、自分自身の気分もすごく上向きになるので、気持ちよくなって、いい意味でくせになると思います。

前に「親愛なるからかい」というお話をしましたが、あれも普段から「素敵だね」「すばらしいね」と言うことで「この人はちゃんと自分のいいところを見てくれている」という信頼感が築けていれば、たまに多少からかっても、気持ちよく受け取ってもらえるものなのです。

これまで書いてきた、ほかの言葉に抵抗がある方は、この**「素敵」「すばらしい」という言葉だけは言うようにしてみる**といいと思います。ここをきちんと押さえておけば、あとは普段どおりの会話でも、ちゃんと**信頼関係の基盤ができる**はずです。

いつもは「まあいいんじゃない」「悪くないね」と言ってしまうところを「すばらしいね」と言ってみる（無理なら「いいねえ！」でも十分です）。

女性に対してだけでなく、仕事の場面で部下に対して言ってもいいと思います。言ってみたら自分の幅が広がると思いますし、少なくとも損はありません。
「すばらしいね」のひと言を、ぜひ口に出してみてはいかがでしょうか。

どんな服を着ていったの？

　ある心理学の本に、こんなエピソードがありました。一人の老婦人が、同窓会に出かけたことを知り合いの老紳士に話すと、彼から「で、どんな服着ていったの？」という質問が返ってきた。彼女はその言葉がすごくうれしくて、涙が止まらなかったそうです。もう何十年も、自分に「どんな服を着ていったか」などと聞いてくれる人はいなかった。そんな自分に興味を持ってくれたことのみならず、ファッションに言及するということは、女性的な部分への関心。だから「おばあちゃん」ではなく、レディーとして扱ってくれたことが、すごくうれしかったそうなのです。

　実際に、奥さんに必ず「どうだった？」「何食べた？」「どんな服着ていったの？」と聞くようにしている男性がいるのですが、やはり奥さんはすごく喜ぶそうです。ポイントは、相手に興味を持ってあげるということ。今日の彼女の一日に興味を持ってあげることが、女性の心をつかむのです。

考えてみれば、この言葉を発する時点で、「オレ話ばかりする」「どんな服を着ていこうがどうでもいいよ」「それがどうしたの？」という、今まで見てきた数々のNGパターンの真逆であることがわかります。**相手に興味を持つ、相手の話を聞く、相手をレディー扱いする。このたったひと言の言葉に、今までのOKパターンがすべて集約されていると言っても過言ではありません。**

バリエーションとしては、女性が「今日友だちと食事に行ったんだ」という話をしたら「誰がいたの？」と聞いてあげる。男性からすれば、どうせ知らない人なんだから、聞いたってしょうがないやというのが本音でしょうし、詮索しているようで悪いと思ってしまうかもしれません。

でもおそらく女性は、それは詮索とは感じないし、「○○ちゃんと△△ちゃんが来たんだ」「へぇー、大学の友だち？」という会話ができるだけで、かなりうれしいのではと思います。さらに「どんな話をしたの？」「どうだった？」「楽しかった?」と聞いてあげることができれば、かなりのジェントルマンですね。

これは、やる気になれば誰にでもできることなのですが、やる人は実際にはとても少ない。「めんどくせえ」「そんなチャラい男みたいなことできるか」等々、やらない言い訳はいくらでも出てくることと思います。でも、私が数々のカップルや夫婦を見てきた経験からすれば、こういうことの積み重ねこそが、結婚生活や、つきあっている女性との関係の行方を決めるのだと強く感じます。

一日の終わりに、今日何があったか尋ねてあげるだけで、女性はとても喜ぶはずです。そして、それによって女性のなかで少しずつ、あなたに対する好きという感情や、あなたのために尽くしたい、あなたと人生を過ごしたいという気持ちが積み上がっていくのだと思います。

逆にいえば「今日○○の集まりに行ってきたんだ」「へー(だから何?)」の積み重ねによって、女性のなかではこの人と一緒に人生を過ごしたくない、という気持ちも重なっていき、ひいては離婚や別れという結末につながっていくことになるのです。

一見くだらないように思えるかもしれませんが、こういう会話こそが心をつなぐ会話であり、バカにするべきではありません。こうしたささいな感情のすれ違いがどんどん大きくなっていって、いつしか修正不可能な地点に来てしまうことが多いのです。

でも、日常的にこういう会話をして、良い感情の積み上げがあれば、多少のことでは別れるような事態にはなりにくいのではないでしょうか。

日常のささいな言葉ひとつで、運命が決まってしまうとさえいえるかもしれません。良い関係、幸せな関係を築くために、日々のコミュニケーションというのはとても大事なものなのです。

ありがとう

『男は3語であやつれる』でも書いたことですが、「ありがとう」は男性、女性にかかわらず、誰が言われてもうれしい、人間として大切な言葉です。でも、男性のほうが「ありがとう」と素直に言えない傾向が強いと思います。セミナーで「今日、家に帰ったら奥さんに3回ありがとうと言いましょう」と言ったら、怯えた様子になる男性は多いのです。「それならプレゼントでも買って帰るほうがましです」と率直な心境を教えてもらったこともあります。

男性はそれこそ死ぬ間際とか、余命いくばくもない状況にでもならない限り、なかなか身近な人に「ありがとう」とは言えないものです。特に上の世代ほど、その傾向があるようです。「オレがおまえに感謝していることは、おまえのために仕事をがんばってきた姿を見れば、言わなくてもわかってくれているよな」というのが、男性の心理です。だから、定年退職すると、だまって奥さんを旅行に連れて行くとか、感謝のしるしを言葉ではなく行動やモノで示そうとする。それくらい、感謝を言葉で伝えるということのハードルが高いのです。

男性に、感謝を言葉で伝えましょうと言うと「いつ、どんなふうに言ったらいいんでしょうか？」という質問が返ってくることがよくあります。簡単なことです。たとえば料理をつくってくれたら「ありがとう、いつも感謝してるよ」と言えばいいのです。でも、それすら抵抗を示す人も少なくありません。照れくさいということに加えて、「そういう言葉は、あまり言うと軽々しくなってしまう」という言い訳をする人も少なからずいます。**でも別に、何回言っても価値が減るものではありませんし、ビシッと言いたいときは言い方のレベルを上げればいいのです。**

普段は「ありがとう、感謝してるよ」で、結婚何十周年の記念日には「今までこんなことがあって、こんな苦労もかけたけど、本当に感謝してるよ」と手紙に書いて伝えたっていい。言葉の重みを大切にしたいからとっておくんだ、なんて言っていると、たいてい最後まで言えないまま人生が終わってしまうものです。

死者と交信できるというアメリカの霊能者が書いた本には、死者とその家族に、お互いに伝えたいことは何かと聞くと、たいてい「ありがとう」「感謝している」「愛してる」という言葉が出てくる、と書かれています。死者と交信できるということの真偽は別として、「ありがとう」はわざわざ霊能者を呼ぶような事態になる前に、早めに言っておこうよと思いますよね。明日人生が終わってしまうかもしれないのですから。

自分が「ありがとう」と言えば、相手も「ありがとう」と返しやすくなるはずです。相手が言ってくれるのを待っていたら、お互い待ち続けることになってしまいます。長年連れ添って、ほとんど会話がなくなってしまったような夫婦でも、どちらかが「いろいろあったけど、あなたには感謝している」と言えば、相手の態度も変わるでしょうし、死ぬときに思い残すこともなくなるはずです。

大切な言葉だからこそ、とっておくのではなく、人生のなかで少しでも多く口にしたほうが良いのではと思います。

おわりに

いろいろな「魔法の言葉」をご紹介してきましたが、いかがでしたでしょうか。普段言い慣れていない言葉を発する、というのはすごくハードルが高いものです。いざ一度言ってしまうとなんでもなくて「なんであんなにつまらないことにこだわっていたんだろう」とわかるものなのですが、その一歩がなかなか踏み出せない。面倒くさいし、別に今すぐこのひと言を言えるようにならなくても、命にかかわるわけではないので「まあいいや」で終わってしまう。私たちにはよくあるパターンではないでしょうか。

はじめてフランス人に「ボンジュール」と言うときはものすごく緊張するように、今までにない言葉を試すというのは怖いものです。怖いから「まあいいか」とトライしなかったり、「どうせこんなことやったって、しょうがない」と自分を納得させてしまう。それが悪いとは言いませんが、やらなければ今のままで、何も変わることはありません。

別に現状のまま、何も変える必要がないと思うのであれば、実践しなくてもまったくかまわないのですが、もしもっと女性との関係を良くしたい、女性の心がつかめるようになりたいと思うのであれば、新しいひと言や会話にチャレンジしてみることが大事なのです。

そう考えたとき、まじめな人ほど「ここに書かれていることを全部実践しなければいけないのか」と思ってしまいがちです。そして、だから「無理だ」と結論づけてしまう。『男は3語であやつれる』を読んだ女性のなかにはきっと「キャバ嬢じゃないんだから」と思った人もいるのではと思いますが、それと同様に「オレ、リチャード・ギアじゃないんだから、こんなの無理」という反応が出てくるのは当然のことです。

もちろん、全部まるごとこのとおりに実践する必要はありません。でも、このなかからワンフレーズ実践してみるだけでも、変化を実感できるはずです。**ひとつだけでも意識して取り入れるようにすると、それ以外の部分でも敏感になり、言葉の使い方や女性に対する対応が変化していくと思います。**

ただバッターボックスに立って、やみくもにバットを振り回していてもバッティングは上達しないけれど、「ミートの瞬間まで目を離さない」など、何かひとつポイントを決めて打席に入れば、スタンスから変わってくるものです。何かひとつだけでも実行しようとすると、ほかの面にも影響が及ぶのです。

だから難しく考えず「このワンフレーズだけでもやってみようかな」という感覚が大切です。「英会話とっさのひと言集」のようなものだと思って、女性と意見がぶつかってしまったときは、否定、反論、説教したい気持ちを抑えて「なるほどな」のひと言を言ってみるところから始めてみてもいいと思います。

そうは言っても反論がバンバン浮かんでくる人もいるでしょう。そんなときこそ「うんうん、そうだね、なるほどな」の精神で、さっそく実行してみてはいかがでしょうか。より素敵なあなたや、未知のすばらしい世界が待っているかもしれませんよ！　いずれにせよ、本書に最後までおつきあいいただきまして、本当にありがとうございました。

この作品は、2008年３月にＰＨＰ研究所より刊行された『女は３語であやつれない』を改題し、再編集したものである。

著者紹介
伊東 明（いとう　あきら）
心理学者。株式会社東京心理コンサルティング代表取締役社長。
早稲田大学卒業後、ＮＴＴ勤務を経て、慶應義塾大学大学院にて博士号を取得。
「ビジネス心理学」ならびに「男性・女性心理学」の研究を中心として、企業研修・コンサルティングからテレビ・ラジオ・雑誌等のマスコミまで幅広く活躍中。
『「聞く技術」が人を動かす』（光文社）、『「心理戦」で絶対に負けない本』（内藤誼人氏との共著、アスペクト）、『男は３語であやつれる』（ＰＨＰ文庫）をはじめとする著書が多数ある。

ＰＨＰ文庫　女性を味方にする言葉、敵にする言葉

2011年２月21日　第１版第１刷
2016年４月１日　第１版第３刷

著　者　伊　東　明
発行者　小　林　成　彦
発行所　株式会社ＰＨＰ研究所
東京本部　〒135-8137　江東区豊洲5-6-52
文庫出版部　☎03-3520-9617（編集）
普及一部　☎03-3520-9630（販売）
京都本部　〒601-8411　京都市南区西九条北ノ内町11

PHP INTERFACE　http://www.php.co.jp/

組　版　株式会社PHPエディターズ・グループ
印刷所
製本所　図書印刷株式会社

ISBN978-4-569-67627-2

PHP文庫好評既刊

「モテる男はこう口説く！」5日間集中レッスン

気になるあの娘をゲットする超テクニック

マーチン 著

これまで3万人の恋愛相談を受けてきたカリスマが、たったの5日間でモテるようになる究極の奥義を伝授！ 自身初の男性向け恋愛指南書。

定価 本体四七六円（税別）

こんなことも知らないの？
大人のマナー常識513

幸運社 編

知ったかぶりやカン違いのマナーで「とんだ恥知らず」になっていませんか？ 言葉遣いから慶弔、食事の作法まで「社会人の常識」満載。

定価 本体五九〇円（税別）